충북대학교 인문 · 사회연구총서 15

정보보호인력 양성정책

김 태 성 지음

충북대학교 출판부

머 리 말

정보를 보호한다는 것은 아주 다양한 의미를 갖는다. 개인정보나 기밀이 인가받지 않은 사람에게 노출되지 않아야 하거나(기밀성), 정보나 프로그램이 지정되고 인가받은 방식에 의해서만 변경이 되어야 하거나(데이터 무결성), 정보시스템이 고의나 실수에 의한 인가받지 않은 조작을 받지 않으면서 당초 의도했던 기능을 정상적인 방식으로 수행해야 하거나(시스템 무결성), 정보시스템이 인가받은 사용자의 요구에 즉각적으로 응해야 하는(가용성) 등의 매우 광범위하고 포괄적인 요구사항을 의미한다. 정보시스템의 적용범위가 확대되고 이용환경이 다양화되어 감에 따라 정보보호의 역할은 우리의 일상생활에서 떼어서 생각할 수 없을 정도로 중요해질 것이다.

정보보호의 중요성에 비해서 정보보호에 필요한 지식을 보유하고 정보보호 활동을 수행하는 정보보호 인력에 대해서는 많은 관심을 두고 있지 않은 것이 현실이다. 사업자가 정보서비스를 일방적으로 제공하던 환경에서는 정보보호는 주로 사업자들의 영역이었다. 하지만, 이용자 간의 정보공유가 보편화되고, 이용자와 제공자간의 관계가 다양화됨(또는 경계나 구분이 모호해짐)에 따라 정보서비스의 사용자들이 정보보호 활동에 적극적으로 참여해야 할 필요성이 증가하고 있다. 지난해 발생하여 주요 기관들의 정보서비스 제공을 어렵게했던 DDoS 사건은 적절한 정보보호 조치를 취하지 않은 정보서비스 이용자들이 네트워크 상에서의 보안 취약고리(weakest link)가 되었기 때문에 사건의 피해규모가 증가한 측면이 있다.

따라서, 정보보호인력의 양성은 비단 정보보호 제품을 제조하거나 정보보호 서비스를 제공하는 전문인력을 배출하는 것에만 국한되지 않고, 정보서비스 이용자들에게 정보보호의 중요성에 대해 인식을 하게 하는 교육이나 정보서비스 이용자들의 자율적인 정보보호 활동에 도움을 주기위한 사용자 교육도 포함된다. 오히려 정보서비스 이용자 대상의 정보보호 교육의 비중은 정보이용이 보편화되고 다양화되면서 더욱 증가할 것이다.

저자는 2002년 정보통신부의 '중장기 정보보호 기본계획'의 작성에 참여하면서 정보보호인력에 대한 관심을 갖게 되었고, 그 이후로 한국정보보호진흥원(현재의 한국인터넷진흥원)의 과제를 수행하면서 지속적으로 정보보호인력에 대한 연구를 수행하였다. 정보보호인력의 현황을 파악하고 향후 수급 상황에 대한 전망을 하거나, 정보보호인력이 수행하는 업무를 분석하여 일관성있는 체계를 작성하거나, 정보보호인력이 업무를 수행하는데 소요되는 지식 및 기술에 대해 분석을 하여 소요 인력의 특성에 적합한 교육을 할 수 있게 하거나, 정보보호교육 대상자의 특성을 고려한 교육체계를 작성하거나, 정보보호인력의 이직 경로나 이직 사유를 파악하여 효율적이고 효과적인 관리방안을 도출하는 등의 주제에 대해 연구를 수행하였다. 본서는 저자가 그동안 수행해온 개별 연구들을 하나의 틀로 정리하는 형태로, 내용 중 일부는 과제 수행의 결과인 보고서와 논문의 내용을 기초로 작성되었음을 미리 밝혀두는 바이다.

정보보호인력이 업무를 수행하기 위해서는 광범위한 지식과 기술이 필요하고, 업무의 중요성에 비해서 소요인력의 규모가 작고, 기술변화나 사건발생 등 외부 환경의 변화에 수요가 민감하게 반응하는 등의 정보보호인력 수급의 특성을 고려하여 정보보호인력을 양성하기 위하여 타분야에서와는 다른 고유한 인력양성방법에 대한 고민이 필요하다. 다양한 직무수행능력을 보유한 인력에 대한 급변하는 수요에 대처하고, 이직의 정도가 높고 다양한 이직 경로 및 사유가 있는 정보보호인력을 장기간 근무하도록 유도하여 전문성을 높이고 안정적인 정보보호 업무를 보장하고, 상대적으로 변화대응에 유연하지 않은 공급 기반을 활용하여 불확실성이 높은 수요에 대비할 수 있도록 하는 등의 의사결정을 효과적으로 지원하기 위한 지속적인 연구가 필요한 것이다.

정보보호인력 양성정책 추진의 실효성을 달성하기 위한 내용을 한 권의 책에 모두 담기에는 한계가 있을 것이다. 하지만, 저자의 과제 및 연구 수행 경험을 바탕으로 정보보호인력 양성을 위한 정책에 관련된 내용을 정리하여 제시하는 것이 관련 정책 입안 및 추진 담당자들에게 미약하나마 도움이 될 것으로 기대하며 다음과 같이 본서를 구성하였다. 2장에서 정보보호인력을 포함한 기술인력의 양성정책에 대한 문헌을 고찰하고, 3장에서는 정보보호인력에 대해 정의 및 분류를 하고, 4장에서는 정보보호인력양성을 위하여 추진되고 있는 정부 정책의 현황을 소개하고 문제점을 도출한다. 5장에서는 정보보호인력이 수행하는 업무를 유형과 수준별로 분석하여 체계화한 직무체계에 대해 소개하고, 6장에서는 정보보호 직무별로 업무를 수행하는데 필요로 하는 지식 및 기술에 대해 분석을 하고, 7장에서는 전국민 대상의 정보보호 교육 추진을 위한 체계를 제시한다.

이 책이 출판될 수 있도록 도움을 주신 많은 분들께 이 자리를 빌어서 감사를 드린다. 본서를 작성하기까지는 저자를 정보보호 분야에 입문하도록 안내해주시고, 일정한 주제에 대해 연구를 할 수 있도록 과제를 지원해주시고, 연구에 필요한 자료를 제공해주시거나 조사에 협조해주신 분들의 도움이 필수적이었다. 먼저, 정보보호 분야의 입문에 도움을 주신 한국전자통신연구원 정보통신기술경영연구소의 선배 및 동료 연구원께 감사를 드린다. 또한, 마음 놓고 집필 활동에 열중할 수 있는 환경을 제공해주신 충북대학교 경영정보학과 선배 및 동료 교수님들께 감사드린다. 인문사회연구총서 발간지원사업을 통해 본서 집필에 재정적인 도움을 주신 충북대학교 산학협력단에도 감사의 말씀을 드린다. 마지막으로, 집필에 수고를 아끼지 않고 도와준 전효정 연구원과 정보보호 관련 토론에 참여해 준 충북대학교 정보통신경영연구실의 졸업생과 재학생 여러분에게 감사한다.

2010년 8월

김 태 성

차 례

표 차 례

그 림 차 례

제1장 서론

제1장 서론

제1절 정보보호 분야의 환경변화

1. 정보보호의 필요성 대두

정부나 기업의 IT 및 정보통신 정책에서 정보보호가 국가 위기관리 및 안전 정책에서 중요한 역할을 담당하게 된 만큼 정보보호 산업의 중요성이 크게 부각되고 있다. 이에 따라 최근 보안 시장에는 글로벌 IT기업과 국내 대기업의 진출이 잇따르고 있고, 영세했던 정보보호 전문업체들도 크게 성장하면서 관련 산업과 시장 규모는 더욱 커질 것으로 예상되고 있다.

더욱이 스마트폰 등 모바일 및 클라우드 컴퓨팅 등으로 급변하는 IT환경에서 앞으로 정보보호의 필요성은 더욱 부각될 것으로 전망되고 있다. 최근에는 인터넷을 통한 참여와 공유의 문화가 확산되면서 블로그, 미니홈피 등의 '1인 미디어' 이용이 생활의 일부로 자리잡고 있는데, 블로그가 개인정보 유출 통로로 활용되거나 방치된 블로그가 불법광고 및 해킹 경유지 등으로 악용되는 등의 보안 문제가 대두되고 있어 정보보호의 보장만이 신규 서비스의 활성화를 보장할 수 있는 상황이 되고 있다.

그러나, 아직 현실적으로 보다 국가 및 사회적으로 적극적인 정보보호 방안이나 정보보호 인프라 마련에는 어려움이 있는 것으로 보인다. 우리나라의 정보화 수준은 세계 1위를 기록할 만큼 인프라나 인터넷 사용자의 양적인 증가가 이루어졌지만, 2009년에만 3만 5천여건의 개인정보 침해사고와 2만여건의 해킹사고가 신고될 만큼 정보화의 역기능 문제 즉 정보보호 침해사고도 심각한 수준으로 증가하고 있다.

표 1. 국내 정보화 역기능 현황

구 분	2007 상반기	2007 하반기	2008 상반기	2008 하반기	2009 상반기	2009 하반기	2010 상반기
웜.바이러스	2,595	3,401	4,865	3,604	4,499	5,896	8,059
해킹사고처리	12,301	9,431	8,478	7,462	9,747	11,483	6,717
개인정보 침해신고 상담 건수	25,965		39,811		35,167		-

※ 출처: www.index.go.kr(e-나라지표)

또한, 공공부문의 사이버위기 대응을 담당하고 있는 행정안전부 및 국정원 등은 관련 조직이 지속적으로 확대되고 있는 반면, 민간부문의 사이버 침해 위협수준이 더욱 높아지고 피해규모가 커져가고 있음에도 불구하고 민간부문 사이버 위기 대응을 맡고 있는 방송통신위원회 정보보안 정책관련 조직은 옛 정보통신부 시절 국 규모에서 1개 팀 수준으로 축소되어 있다. 더욱이, 정부의 43개 중앙부처 가운데 자체 정보보호 전담부서를 운영중인 부처는 9개에 불과하며 자체 정보보호 전담인력 현황은 부처당 평균 1.45명에 불과한 것이 현실이다.

유비쿼터스 사회를 위한 다양한 서비스가 등장하고 있으며 이에 대한 소비자들의 수요 또한 급격하게 늘고 있다. 삶의 질 향상을 꾀하고 보다 자유롭고 안전한 정보통신서비스를 구현하기 위해서라도 정보보호는 정보화의 발전과 함께 궤를 같이 할 수 있도록 발전되어야 할 것이다.

표 2. 정부 부처별 정보보호 부서 및 인력 현황

기관명	현 재		
	전담조직	정보보호인력	담당부서
합계(평균)		78.45명 (1.45명)	
통일부	×	1	행정관리담당관
행정안전부	○	2	정보화담당관
외교통상부	○	3	외교정보보안팀
기획재정부	×	0.8	정보화담당관
노동부	×	0.75	정보화담당관
환경부	×	1.1	정보화담당관
농림수산식품부	×	0.65	정보화담당관
국토해양부	×	0.7	정보화통계담당관
문화체육관광부	×	1.5	정보화담당관
교육과학기술부	○	6	정보보호팀
법무부	×	0.8	정보화담당관
지식경제부	×	0.4	정보화담당관
보건복지가족부	×	2.75	정보화담당관
여성부	×	0.5	법무정보화담당관
국방부	○	9	정보화기획관
법제처	×	0.3	법제정보과
국세청	○	6	전산정보관리관
기상청	×	1	정보통신기술과
농촌진흥청	×	1.6	지식정보화담당관실
대검찰청	×	2.5	정보통신과
문화재청	×	0.25	정보화기획팀
행정도시청	×	0.6	정보인프라과
방위사업청	×	3	전산정보관리소
병무청	×	2.3	정보기획과
산림청	×	0.7	정보통계담당관실
관세청	×	2	정보협력국
경찰청	○	10	정보통신담당관실
소방방재청	×	0.5	정보화담당관
식약청	×	0.2	정보화담당관
조달청	×	0.6	전자조달국
중소기업청	×	1.3	고객정보화담당관

기관명	현 재		
	전담조직	정보보호인력	담당부서
통계청	○	3	통계정보국
특허청	○	2	정보기획국
해양경찰청	○	3	정보통신과
방송통신위원회	×	0.8	정보전략팀
감사원	×	0.2	지식관리담당관
국무총리실	×	0.6	인사과
민주평통	×	1	기획재정담당관
공정거래위	×	1.2	정보화담당관
금융위	×	0.3	규제개혁법무담당관
국가인권위	×	0.35	행정법무담당관
국민권익위	×	1.1	정보화담당관

※ 출처: 국회입법조사처, 7·7 DDoS 사고 대응의 문제점과 재발방지 방안, 2009.

2. 정보보호 패러다임의 변화

정보보호 산업은 1990년대는 IT시스템 보안 위주로 성장하여 왔고 2004년에는 네트워크보안 위주로 2007년에는 개인정보보호 중심으로 성장하여 왔다.

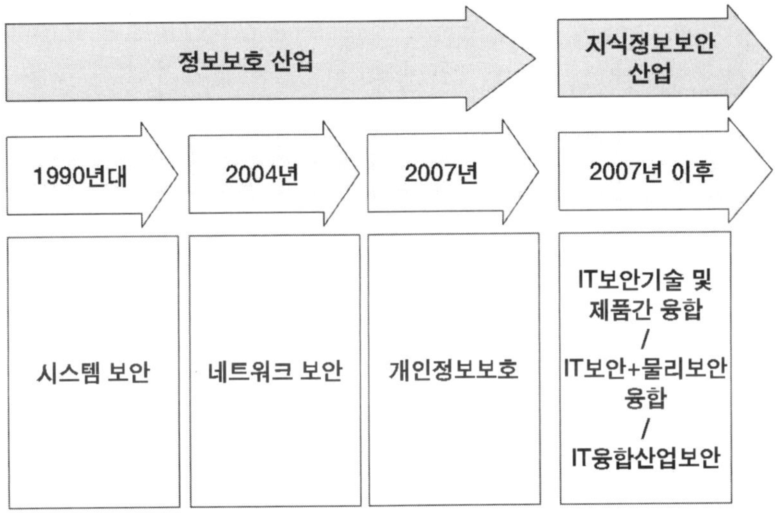

※ 출처: 한국정보보호진흥원, 정보보호산업실태조사, 2008.

그림 1. 정보보호 패러다임의 변화

최근, 정보보호 산업은 IT 보안기술 및 지식정보보안산업으로 확대될 것으로 전망되고 있으며 국가 차원의 공익성이 높은 정보인프라산업으로서 정보통신 사업자 중심의 제품 및 서비스 수요가 일반사업자 대상으로 확대되어 가고 있다. 또한, 개인정보의 과다 수집으로 인한 침해사고가 증가하고 개인정보 노출로 인한 피해도 증가 추세에 있어 사업자 뿐만 아니라 개인까지도 정보보호 제품 및 서비스에 대한 수요를 넓혀가고 있으며[1], 국가안보를 위해 중요한 위치를 차지하는 공

1) 서울파이낸스, 전자금융 보안사고 '빈발'…대책 마련 시급, 2009.7.17.

공부문에서의 사이버 보안 침해사고도 꾸준히 늘고 있어 공공부문에서의 보안의식 강화 및 정보보호 제품 및 서비스에 대한 수요도 계속될 것으로 보인다[2].

인터넷 위협도 단순해킹 수준에서 점차 대형화 및 조직화되어 가고 있다[3]. 자기과시 목적의 단순 해킹, 웜·바이러스 등은 감소추세이나 국가기밀, 기업 및 개인의 금품탈취를 위한 영리목적성 공격은 증가하는 추세에 있다. 사이버공격에 의한 피해가 현실세계와 밀접하게 연계되고 있으며, 국가안보 및 경제안정 등을 위협할 수준으로 피해 규모가 대형화되고 있다.

표 3. 2005년 전후 사이버 위협 패러다임의 변화

구 분		2005년 이전	2005년 이후
인터넷 환경		개별망 기반의 국지적 서비스, 상호작용이 적은 정적인 웹1.0	방송통신 융합, 디지털 컨버전스, 상호작용이 많은 웹2.0
주요 사이버 위협 유형		해킹, 인터넷 웜, DoS 공격, 이메일 스팸	해킹, 스파이웨어, 봇넷, DDoS 공격, 휴대폰 스팸
공격 목적		호기심, 자기과시, 서비스 가용성 침해	데이터 탈취를 통한 금전적 이득, 불법 유해정보 유포, 저작권 침해
주체별 보안 이슈	국가	기반기술, 국지적 네트워크 보안	All-IP망 기반 범국가적 인프라 보호
	기업	웹사이트 변조, 서비스 장애	이용자 정보 및 내부정보 유출
	개인	피해자	피해자인 동시에 가해자

2) 디지털데일리, 국가·공공부문 사이버 침해사고 매년 급증, 2009.9.28.

3) 국회입법조사처, 7·7 DDoS 사고 대응의 문제점과 재발방지 방안, 2009.

제2절 정보보호인력 양성정책 연구의 필요성

세계 정보보호산업은 지난 3년간 지속적으로 연평균 13.5%의 고성장을 기록하고 있으며, 과거 3년간 6.2% 성장한 IT산업 대비 2배 이상의 고성장세를 유지하고 있다. 그러나, 현재 공급 가능한 정보보호인력은 연간 약 1,900명 규모인 반면 향후 인력수급의 격차는 더욱 심화될 전망이다. 더욱이, IT와 non-IT의 융합이 가속화되면서 영역간 경계 및 구분이 불명확해짐에 따라, 정보보호산업이 지식정보보안산업으로 확대되며 영역을 확장하고 있다[4].

그러나, 정보보호의 필요성에 대한 인식이 높아지고 새로운 서비스가 나타날 때마다 정보보호의 문제가 발생하고는 있지만 정보보호 산업의 발전은 답보상태에 있는 것이 사실이다. 이것의 원인은 아주 다양하게 있을 수 있겠지만, 기업 정보보호 활동과 정보보호에 대한 투자가 매우 낮은 수준이라는 점을 감안했을 때, 기업의 정보보호에 대한 적극적인 의지 부족을 가장 큰 원인으로 볼 수 있다. 대부분의 기업이 해킹이나 DDoS 공격 등의 위협에 상시 노출되어 있음에도 불구하고 보안인식 수준이 낮고 경영진의 관심이 미흡하기 때문이다.

표 4. 국내기업의 정보화 대비 정보보호 투자비율

구 분	정보보호 지출없음	1%미만	1~3%	3~5%	5~7%	7~10%	10%이상
2008년	50.8%	27.5%	11.4%	5.1%	1.8%	2.3%	0.8%
2009년	44.5%	22.2%	15.3%	8.2%	3.4%	6.0%	0.3%

※ 출처: 국회입법조사처, 7·7 DDoS 사고 대응의 문제점과 재발방지 방안, 2009.

4) 정보보호학과를 개설한 대학은 15개 내외에 불과하며 대다수 지방 소재. 규모면에서나 내용면에서 안정적인 정보보호인력의 공급에 한계
(※ 출처: 한국정보보호진흥원, 유비쿼터스 환경에서의 정보보호 정책 방향, 2008.)

이와 함께, 정보보호 전문인력의 부족도 주요한 원인으로 생각해 볼 수 있다. 정보보호 패러다임의 변화에 따른 산업의 발전이 기대되고 있는 상황에서도 정보보호 전문인력에 대한 전문적인 연구가 상당히 부족한 상태이다. 정책적으로 인력부족에 대한 방안마련의 필요성에 대해서는 피력되고 있지만, 어느 분야에 어느 정도의 인력이 부족하고 현재 얼마만큼 공급되고 있는지 등 정보보호 전문인력에 대한 수요 및 공급 현황 파악을 위한 조사조차 지속적으로 이루어지지 못하고 있어 인력수급 조정 및 장기적인 인력양성 정책 개발을 위한 통계자료 확보조차 이루어지고 있지 못한 실정이다.

정보보호의 사회기간인프라로서의 중요성을 인식하고 한시라도 빨리 본격적인 산업발전을 견인할 체계적인 정보보호 전문인력의 양성이 필요한 때이다. 무엇보다도 기존의 정보보호 전문인력에 대한 국내의 연구현황을 고찰해보고 현재의 정보보호 전문인력 양성정책의 방향을 검토해 봄으로써 미래의 정보보호 전문인력 양성정책의 발전 방향에 대해 논의할 필요가 있다.

제3절 정보보호인력 양성정책 연구의 목적 및 방향

인력에 대한 연구는 해당 인력의 양적・질적인 인력양성을 위한 정책개발을 궁극적인 목표로 한다. 정보보호인력에 대한 연구도 마찬가지이다. 지금까지 파악되고 있는 정보보호인력에 대한 연구는 2002년 舊정보통신부의 「중장기 정보보호 기본계획」 이후 정보보호인력에 대한 적극적인 필요성이 제기됨에 따라 시작된 것으로 파악되며, 장기적으로 정보보호인력의 절대적인 부족문제는 물론 수요와 공급 간의 차이 등을 해결할 수 있는 정책방안을 마련하는 것을 목표로 하고 있다.

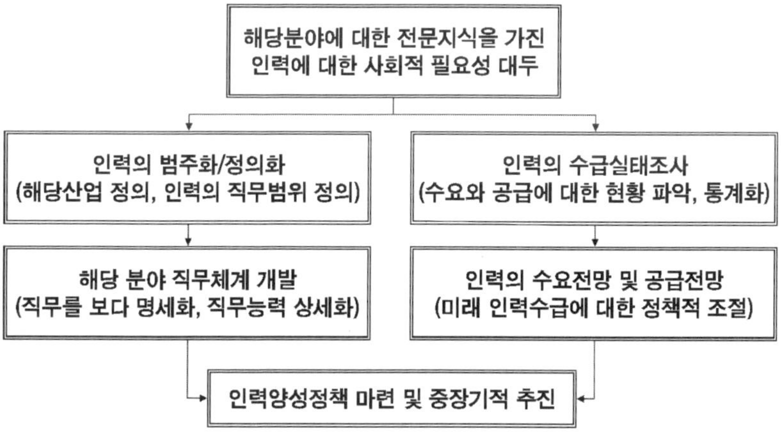

그림 2. 정보보호인력 양성정책 연구의 목적 및 방향

제 2 장
기술인력양성에 대한 연구 고찰

제2장 기술인력양성에 대한 연구 고찰

제1절 정보통신인력양성에 대한 연구

1. 정보통신인력 현황

가. 정보통신인력의 정의 및 범주

정보통신인력을 정의하는 방법은 크게 산업과 직업의 두 가지 차원이 있다[5)6)].

'정보통신산업 종사자'의 경우는 전체 산업의 종사자 중에서 통상적으로 정보통신산업으로 분류되는 산업에 종사하는 인력을 의미하는 반면, '정보통신 직업 종사자' 또는 '정보보호 전문인력'으로 분류되는 인력은 산업이 아닌 직업에 따라서 분류하는 방식으로 정보통신 관련 기술과 전문지식의 보유 및 활용여부가 중요한 판단기준이 된다.

그러나, 정보통신 직업을 구분하는데 있어 가장 큰 문제점 중 하나는 직업상 정보통신기술을 자주 사용하는 인력과 정보통신인력을 구분할 수 있는 기준이 없다는 것이다. 이를 구분한다고 하더라도 이것이 실제로 인력의 현황이나 전망 등 분석을 위한 통계자료로 활용되기에는 어려움이 있다.

---

5) 정보통신연구진흥원, 정보통신인력의 특성과 수급실태 및 전망, 2001.

6) 정보통신산업은 정보통신과 관련한 제품을 개발·제조·생산 또는 유통하거나 이에 관련한 서비스를 제공하는 산업으로 정의된다.(※ 출처: 법제처, 정보통신산업 진흥법(법률9981호), 2010.)

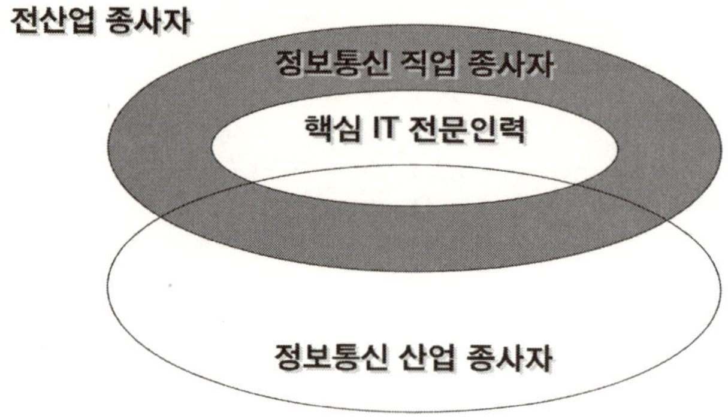

※ 출처: 정보통신연구진흥원, 정보통신인력의 특성과 수급실태 및 전망, 2001.

그림 3. 정보통신인력의 범주

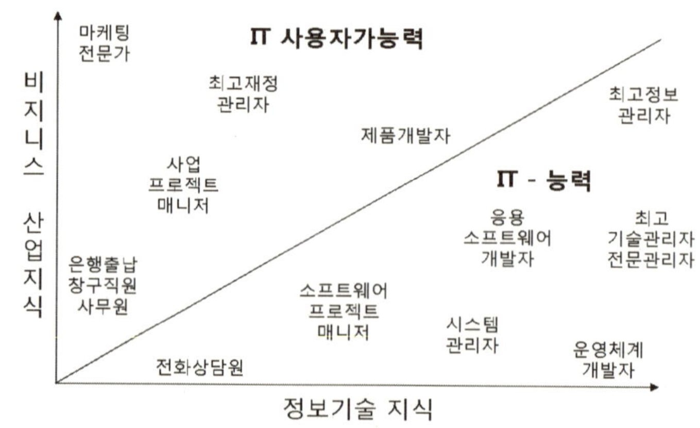

※출처: 정보통신연구진흥원, 정보통신인력의 특성과 수급실태 및 전망, 2001.

그림 4. 정보통신 인력과 정보통신 활용인력의 구분 방법

나. 정보통신인력의 현황

정보통신산업협회(KAIT)의 「2008년 정보통신부문 인력동향 보고서」에 따르면[7], 2008년 IT인력은 145만 명으로 2002년 이후 연평균 1.0%씩 성장하고 있는 것으로 나타났다. 2008년 IT인력이 전체 산업인력에서 차지하는 비중은 10.2%이며(전체 산업인력은 1,415만 명), 2002년 11.5%의 비중을 차지한 이후 계속 감소하는 추세에 있다.

2008년 IT직종 인력은 106만 명으로 그 중 정보통신산업의 생산직 인력이 26만명, 연구기술직 인력이 21만명, 정보통신관련산업의 전산 인력이 3만명, 타산업 전산인력이 56만명으로 나타났다.

표 5. 연도별 IT인력현황

(단위: 천명)

구 분	2002년	2004년	2006년	2008년	연평균 증감률
전체산업 취업자*	22,326	22,733	23,303	23,752	1.0%
전체산업인력(A)**	11,884	12,807	13,554	14,151	3.0%
IT인력(B)	1,363	1,351	1,443	1,448	1.0%
비중(B/A)***	11.5%	10.5%	10.6%	10.2%	

* 자료출처: 통계청 경제활동조사(4/4분기 자료), 단 2008년은 3/4분기자료
** 전체산업인력은 전체산업의 상시 종사자수
*** 전체산업 내 IT인력비중 = IT인력 ÷ 전체산업 상시 종사자수

7) 정보통신산업협회, 2008년 정보통신부문 인력동향 보고서, 2009.
2009년부터는 「2009 방송통신부문 인력동향 보고서」로 진행됨 (2009)

2. 정보통신인력 연구 현황

정보통신인력에 대한 연구는 정보통신산업이 국가적인 산업발전의 주도적인 산업으로 자리하게 되면서 본격적으로 시작되었으며, 과학기술인력[8]이나 엔지니어링인력에 대한 연구와 함께 주요 인력연구의 대상이 되고 있다.

정보통신인력양성에 대한 연구는 1989년 정보통신정책연구원(KISDI)을 중심으로 시작된 것으로 파악되며[9], 2000년 초 전부처 인력양성사업의 통합관리로 인해 정보통신연구진흥원(IITA, 現정보통신산업진흥원(NIPA))의 주관아래 국무총리실 산하 한국직업능력개발원(KRIVET)을 중심으로 진행되어 오고 있다.

정보통신인력 양성에 대한 연구의 주제는 단계적으로 발전하여 왔다. 초기 연구는 정보통신인력을 범주화하고 그 정의를 구체화하는 데에 초점이 맞춰져 있으며, 인력의 정의와 범주에 기반하여 인력의 수요와 공급 실태를 조사하는 것이 그 다음이다[10]. 이렇게 정확한 인력에 대한 통계치 확보기반이 마련되면 다음으로는 장기적인 산업발전을 위한 중장기 인력 수요 및 공급 전망을 위한 연구가 진행된다[11]. 또한, 2004년부터는 한국직업능력개발원(KRIVET) 주관으로 정보통신인력 연구가 진행되면서 정보통신 분야 직무체계가 개발되었으며[12], 이를 기반으로 한 공급실태 조사[13]가 계속 진행되고 있다. 그

---

8) 과학기술정책연구원(STEPI)를 중심으로 연구되어 오고 있다.

9) 정보통신연구진흥원, 정보통신 분야 인력 수급 측정, 양성 및 기술자격제도에 관한 연구, 1989.

10) 정보통신정책연구원, 정보통신인력의 특성과 수급실태 및 전망, 2001.
정보통신정책연구원, IT 전문인력 양성정책의 평가와 향후 정책방향, 2002.
정보통신정책연구원, IT 인력의 유동성 실태조사 및 경력경로에 관한 조사연구, 2003.
정보통신정책연구원, IT인력 수급차 분석 및 전망연구, 2004.
한국노동연구원, IT 전문인력 수급실태조사, 2004.

11) 정보통신정책연구원, IT 전문인력 수급전망 방법론에 관한 연구, 2004.
한국직업능력개발원, 정보통신기술의 발전에 따른 중장기 인력수요 전망, 2004.

12) 한국직업능력개발원, 국가직무능력표준 개발사업IV : 직무체계 시안개발(IT 분야), 2005.

러나, 실질적으로 공급실태조사 또한 명확한 직무체계에 기반하여 조사가 진행되고 있지는 않다.

가. 주제 1: 정보통신인력 양성의 필요성에 대한 연구

1990년대 이후 정보통신분야의 급속한 발전으로 첨단 정보통신기술의 우위 확보 및 이의 산업화에 대한 노력을 기울여 왔으며, 주요국간의 기술경쟁도 심화되었다. 특히, 정보통신산업은 에너지가 적게 들고 고급인력을 필요로 하는 분야로서 국내여건에 가장 적합한 형태의 산업이다. 따라서 1990년대부터 2000년대 초반까지는 정보통신산업의 고급 인력 배출을 위해 많은 노력을 기울였다.

구체적으로는 정보통신 관련 학과를 중심으로 대학교 및 전문대학의 공급 현황과 교육체계를 조사하는데 집중하였다. 나아가 인력양성을 위한 노력으로서 인력양성체계, 양성과정, 목표 및 방침 등 전문인력 양성의 개념적 체계를 확립하였다. 이로써 인력의 공급난을 해결하고 정보통신 산업분야 연구개발에 종사할 우수한 석·박사급 전문고급인력을 조속히 배출하기 위해 노력하였다.

대표적으로, 정보통신 전문인력 양성사업(1995)[14]에서는 국내 정보통신 산업의 급속한 성장과 국제화, 개방화에 따른 국내 IT산업의 고급 인력수요가 급증하고 있으므로 이러한 수요에 부응하여 한국과학기술원에 신설된(1992년도) 정보 및 통신공학과의 교육환경을 조기 구축하도록 지원하여 정보통신 분야 전문인력 양성을 촉진시켜야 한다고 하였다. IT교육훈련 및 자격제도 현황 조사(2001)[15] 연구는 정규·비정규 교육기관에서의 정보통신인력 공급 현황을 조사하고 IT 자격제도 운영 현황에 대한 분석을 통해 개선방안을 제시하였다. IT 전문인력 양성정책의 평가와 향후 정책 방향(2002)[16]에서는 지식기반

13) 한국직업능력개발원, IT 전문인력 공급실태 조사, 2004, 2005, 2006, 2007, 2008, 2009.

14) 정보통신연구진흥원, 정보통신 전문인력 양성사업, 1995.

15) 한국직업능력개발원, IT 교육훈련 및 자격제도 현황 조사, 2001.

경제 시대를 맞아 일정 수준 이상의 IT인력을 배출할 필요성이 증대됨에 따라 질적 수준이 높은 IT인력에 대한 양성 정책의 필요성을 인식하고 있다. 이에 따라 인력 양성 사업의 전략을 제시하고, IT분야에 대한 정부의 투자를 중심으로 한 평가도 함께 연구하였다.

표 6. 정보통신인력 연구: 정보통신 인력의 정의 및 범주

구 분	주요내용
정보통신 전문인력 양성사업 (IITA, 1995)	• 정보통신산업의 급속한 성장에 따른 고급연구개발 인력에 대한 확보의 필요성 제시
전문대학 IT 인력의 공급현황 (KRIVET, 2001)	• 전문대학 IT전공 인력에 대한 공급자적 측면의 인력 공급현황 분석
IT교육훈련 및 자격제도 현황 조사 (KRIVET, 2001)	• 정규 및 비정규 교육기관의 인력 공급 현황과 IT 자격제도 운영 현황에 대한 문제점 제시
IT 전문인력 양성정책의 평가와 향후 정책방향(KISDI, 2002)	• IT인력 노동시장의 현황을 분석 • IT인력양성 및 활용사업 현황과 평가

나. 주제 2: 정보통신인력 수급실태 및 전망에 대한 연구

정보통신산업의 발전이 가시화됨에 따라 기존의 전문인력 양성정책에 대한 연구를 꾸준히 진행하면서 정보통신 관련학과 졸업생들에 대한 동종업계의 진출률에 대해서도 관심을 기울이게 되었다. 즉, 단순한 인력 공급에 치중 하였던 과거와는 달리 실질적인 정보통신산업에 진출하는 인력에 대해 관심을 갖고 수요 공급의 실태를 조사하기에 이르렀다. 수급실태 조사에 기반한 통계치 확보가 가능해짐에 따라, 미래의 수요와 공급을 예측하기 위한 모형을 개발하고 이에 기반한 인력양성 정책을 마련하기 위한 연구가 진행되었다. 이것은 궁극적으로 양적으로 확대하기 보다는 질적 수준을 제고한 인력 배출을 위한 노력의 일환이라고 볼 수 있다.

대표적으로, 정보통신인력의 특성, 수급실태 및 전망(2001)[17] 연구

16) 정보통신정책연구원, IT 전문인력 양성정책의 평가와 향후 정책방향, 2002.
17) 정보통신정책연구원, 정보통신인력의 특성, 수급실태 및 전망, 2001.

는 정보통신인력의 범위 및 특성을 제시하고 이에 기반하여 정보통신 인력의 현황을 분석하고 수요를 전망하여 제시하였다. IT인력 통계인프라 정비방안 연구(2004)[18]는 IT인력을 산업/직업/공급 측면에서 재정의하고 IT인력 관련 통계를 점검하고 개선방안을 도출하였다.

표 7. 정보통신인력 연구: 정보통신인력 수급실태 및 전망 연구

구 분	주요내용
정보통신인력의 특성, 수급실태 및 전망(KISDI, 2001)	• 정보통신인력의 범위 및 특성 제시 • 정보통신인력의 현황 및 수요 전망
IT인력 수급전망 및 개발정책 (KRIVET, 2001)	• IT인력 수급 현황 및 향후 수요 전망
IT인력의 취업률, 전공종사율, 임금수준 분석 (KISDI, 2003)	• IT표준직업분류를 기준으로 전문대 및 대학의 IT학과 취업률, 전공종사율, 임금수준을 조사
IT인력 통계인프라 정비방안 연구 (KISDI, 2004)	• IT인력을 산업, 직업, 공급측면에서 재정의 • IT인력 관련 통계 수치 점검 및 개선방안 도출
IT 전문인력 수급전망 방법론에 관한 연구 (KISDI, 2004)	• 주요국의 인력수급 전망 방법론 제시 • 국내 IT인력의 정의, 기초통계구축 및 인력수급 전망 방법론의 개선 방안 도출
IT 전문인력 수급실태 조사 (KLI, 2004)	• 인력수요 전망 방법론 제시 • 국내 IT인력 정책에 부합하는 인력수급전망 방법론 도출
IT인력 통계 구축 및 통합에 대한 연구 (KISDI, 2004)	• IT인력수급 전망을 위한 IT학과, 직업분류 체계를 재정립 • IT전문인력의 효율적 활용을 위한 방안 제시
IT인력 통계인프라 구축에 관한 연구 (KRIVET, 2005)	• IT인력의 체계적인 관리와 인력 수급전망을 위한 통계인프라 구축의 필요성 제기
IT 전문인력 공급실태 조사 (KRIVET, 2004~2009)	• IT인력의 정의 및 분류 • 전문대 및 대학의 IT인력의 공급현황 분석
IT 전문인력 수급차 분석 및 전망연구(KRIVET, 2008)	• 사업체 대상의 수요실태조사를 토대로 한 IT전문인력 수요전망과 전문대, 대학 및 대학원 졸업생들의 공급실태조사를 토대로 IT전문인력 공급전망 • 향후 IT전문인력의 수급규모 및 수급차 분석

18) 정보통신정책연구원, IT인력 통계 인프라 정비방안 연구, 2004.

다. 주제 3: 정보통신 인력 SCM 관련 연구

2003년을 기점으로 정보통신산업 인력의 배출을 위한 노력에서 더 나아가, 체계적인 관리를 위한 연구가 진행되기 시작했다. 전문인력에 대한 정확한 통계 생성을 위해 유관기관 간 합의를 도출하여 IT인력의 정의를 재정립하고 학과, 기술, 직업 분류체계를 정립하여 합리적인 인력정책의 토대를 마련하고자 하였다. 이는 그동안 문제가 되어 왔던 수급불일치 문제를 해소하고 정확한 전문인력의 수급전망을 위한 연구라 할 수 있다. 따라서 수요와 공급이 일치하는 사회적인 분위기를 만들고, 인력 배출시 수요에 맞는 공급계획을 수립할 수 있도록 정책적 지원방안을 마련하고자 하였다. 2000년대 중반이후 계획되고 있는 대부분의 IT인력 수급실태 조사 및 인력전망 연구가 대부분 이에 포함된다.

또한, 체계적인 인력양성을 위해 수요에 기반한 인력양성의 필요성에 대해서도 연구되었다. 산업사회 변화에 적합한 재능대학 IT계열의 전공 개선 및 교육과정 개발(2009) 연구가 대표적인 예이다[19].

19) 한국직업능력개발원, 산업사회 변화에 적합한 재능대학 IT계열의 전공 개선 및 교육과정 개발, 2009.

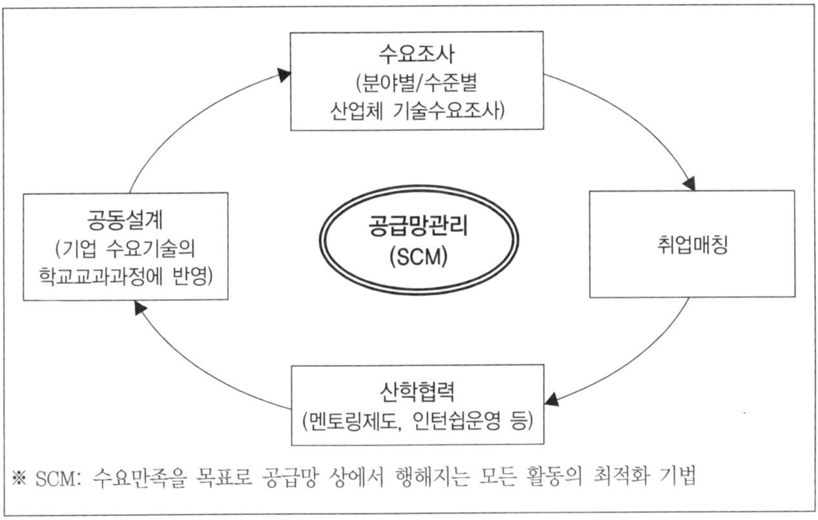

※ 출처: 대한민국정부, 2007 정보화에 관한 연차보고서, 2007.

그림 5. 정보통신인력 SCM

제2절 소프트웨어인력양성에 대한 연구

1. 소프트웨어인력 현황

가. 소프트웨어인력의 정의 및 범주

SW전문인력이란 IT서비스, 패키지SW, 디지털콘텐츠, 임베디드SW 등의 업종에서 SW 관련 직종에 종사하는 인력으로 특히 SW 관련된 전문 지식과 기술을 보유한 인력을 말한다[20][21].

나. 소프트웨어인력의 현황

한국소프트웨어진흥원(KIPA, 現정보통신산업진흥원(NIPA)[22]) 주관으로 실시되어 온 「SW 인력현황 보고서」에 따르면, 2008년을 기준으로 국내 SW기업에 종사하는 SW전문인력은 9만 6,967명인 것으로 나타났다. SW인력의 수준별로는 초급이 8.0%, 중급이 12.8%, 고급이 5.1% 부족한 상황이며, 분야별로는 패키지SW 11.0%, IT서비스 8.8%, 임베디드SW 7.7%, 디지털콘텐츠솔루션 6.0%의 인력이 부족한 것으로 나타났다.

표 8. 국내 SW인력 현황

구 분		SW 전문인력	SW 부족인력	부족률(%)
전체		96,967명	9,380명	8.8%
수준별	초급	31,303명	2,720명	8.0%
	중급	37,259명	5,122명	12.1%
	고급	28,405명	1,538명	5.1%

※ 부족률(%) = SW부족인력/SW적정인력(현재SW전문인력×SW부족인력)

※ 출처: 한국소프트웨어진흥원, 국내 SW 인력동향 보고서, 2009.

20) 예: SW 개발, 구축, 운영, 기획 등

21) 한국소프트웨어진흥원, 국내 SW 인력동향 보고서, 2009.

22) 2009년 8월 정보통신연구진흥원, 한국소프트웨어진흥원, 한국전자거래진흥원 등을 통합하여 설립

2. 소프트웨어인력 연구 현황

소프트웨어인력에 대한 학술적인 연구는 진행된 바가 거의 없는 것으로 파악된다. 정보보호인력과 마찬가지로 일부 정보통신인력의 범주 안에 포함되어 연구되고 있는 것이 현실이며, 한국직업능력개발원이 2005년 개발한 「IT 직무체계」에서도 대분류 직무군의 하나로 'SW 개발 및 구현'으로 포함되어 있다.

현재 파악되고 있는 대표적인 소프트웨어인력에 대한 연구로는 2003년 정보통신연구진흥원(IITA, 現정보통신산업진흥원(NIPA))이 소프트웨어산업의 발전을 위해 인력수급불균형 격차 해소 및 인력 육성 방안을 제시한 「S/W 전문인력의 실무능력향상 및 활용도 제고를 위한 정책방안연구」[23]가 있다. 2006년에는 한국직업능력개발원이 「국내 S/W인력의 Skill 표준 작성 연구」[24]를 통해 국내 SW 인력의 직무표준(skill standard)을 개발하여 제시하였으며, 이는 국내 SW 인력의 효과적인 관리와 정비체계 마련에 있어 지침서 역할을 하고 있다. 2008년에는 한국소프트웨어진흥원(KIPA, 現정보통신산업진흥원(NIPA))을 중심으로 「패키지SW 분야 SW직무수행능력표준」[25]이 개발되었는데 직종은 기획, 프로젝트 관리, 아키텍쳐, SW구현, SW품질, 기술서비스, 영업 및 마케팅 등 7개 군으로 분류되었다.

23) 정보통신연구진흥원, S/W 전문인력의 실무능력향상 및 활용도 제고를 위한 정보방안 연구, 2003.

24) 한국직업능력개발원, 국내 S/W인력의 Skill 표준 작성 연구, 2006.

25) 정보통신연구진흥원, 패키지SW 분야 SW직무수행능력표준, 2008.

표 9. 소프트웨어인력 연구

구 분	주요내용
S/W 전문인력의 실무능력향상 및 활용도 제고를 위한 정책방안연구(IITA, 2003)	• 소프트웨어산업의 발전을 위해 인력수급불균형 격차 해소 및 인력 육성 방안 제시
국내 S/W인력의 Skill 표준 작성 연구(KRIVET, 2006)	• 국내 SW 인력의 Skill Standard 개발. 스킬의 다양화, 스킬의 숙달, 스킬 자원관리, 스킬에 있어서의 보완적인 기준 등을 제공 • 국내 SW 인력의 효과적인 관리와 정비체계 마련에 있어서 지침서
패키지SW 분야 SW직무수행능력표준 (KIPA, 2008)	• 직종, 직무, 직무별 명세, 직무별 직무능력수준 등을 개발하여 제시 • 직종은 기획, 프로젝트 관리, 아키텍쳐, SW구현, SW품질, 기술서비스, 영업 및 마케팅

제3절 기타 기술인력양성에 대한 연구

1. 산업기술인력

가. 산업기술인력의 정의 및 범주

지식경제부는 「산업기술인력 수급동향 실태조사보고서」에서 산업기술인력을 전문대졸 이상의 학력을 가지고 있는 이공계 전공자로서 사업체에서 연구개발 및 기술관련직에 근무하고 있는 인력을 의미하는 것으로 정의하고 있다[26].

표 10. 과학기술인력과 산업기술인력의 비교

구 분	과학기술인력	산업기술인력
교육수준	전문대학 졸업 이상	전문대학 졸업 이상
전공분야	자연계, 공학계, 의약학계, 농림수산학계	자연계, 공학계
직업분류	표준직업분류(통계청)	고용직업분류(고용연구원)
활동범위	기업, 대학, 국공립연구소, 기타 교육기관, 중앙 및 지방정부, 공공기관	기업
산업범위	전 산업	제조업 등

※ 출처: 유민화, 산업기술인력양성사업의 발전전략 수립을 위한 성과지표 연구, 한국산업기술재단, 2007.

나. 산업기술인력의 현황

산업기술인력 실태조사는 지식경제부 주관으로 2003년부터 시행되었다. 2008년 현재 산업기술인력은 제조업 부분 34만명과 기타산업 부분 24만명으로 파악되고 있으며, 총 2만여명 정도가 부족한 것으로 조사되고 있다[27].

산업연구원은 산업기술인력에 대해서 전반적인 취직난에도 불구하

26) 지식경제부, 2009 산업기술인력 수급동향 실태조사 보고서, 2009.
27) www.itl.or.kr (산업기술인력정보센터)

고 일부 전문분야에서는 구인난을 겪고 있는 것으로 파악하고 있으며, 인력양성체제의 축이 되고 있는 산학협력 인력양성체제가 체계적으로 구축되지 못하고 있고 첨단 전략분야 인력정책에 대한 범정부 차원의 총괄 조정기능이 미흡하여 부처 간의 조정도 원활하지 않은 상태인 것으로 진단하고 있다[28)]

표 11. 산업기술인력 현황(산업별)

구 분	2004		2006		2008	
	현원	부족 인원	현원	부족 인원	현원	부족 인원
제조업	246,365	15,642	377,602	14,885	343,096	13,343
기타 산업	153,697	13,406	189,980	11,313	242,391	7,606

* 제조업은 표준산업분류상 D15~D37에 해당하는 산업
** 기타 산업은 기계장비 및 소비용품 임대업, 사업서비스업
*** 현원: 현재의 인력으로 정규직, 비정규직, 외국인 인력을 모두 포함한 인력
**** 부족인력: 당해 사업장에서 현재 부족하여 충원계획이 있거나 당장 충원할 계획은 없으나 부족하다고 느끼는 인력
(부족율＝100×(부족인원)/(현원+부족인원))

표 12. 산업기술인력 현황(학력별)

구 분	2004		2006		2008	
	현원	부족 인원	현원	부족 인원	현원	부족 인원
석박사	62,094	2,772	89,127	2,545	93,956	3,955
기타 학력	337,968	26,276	478,454	23,653	491,531	16,998

다. 산업기술인력 연구 현황

산업기술인력은 매우 광범위한 인력으로서 산업종사인력이고 우리나라의 실질적인 산업발전을 위한 기반인력이기 때문에 수급실태 조사에 기반한 부족인력 파악과 수급차 해소를 위한 정책방안 마련에 초점이 맞춰져 있다. 따라서, 인력의 수급차를 해결하고 산업체의 수

28) 산업연구원, 산업기술인력 양성 정책, 2008.

요에 적합한 인력을 양성하여 배출하는 것을 목표로 하므로 인력에 대한 심도있는 연구보다는 통계치 확보 등 지식경제부를 중심으로 한 현황조사와 정책개발이 이루어지고 있다. 현재, 지식경제부와 산업연구원(KIET)을 중심으로 산업기술인력 양성사업이 실시되고 있으며, 지식경제부를 중심으로 산업기술인력 수급실태조사가 이루어지고 있는 정도이다.

2. 산업기술보호인력

가. 산업기술보호인력의 정의 및 범주

산업기술보호인력은 산업보안에 대한 폭넓은 이해를 바탕으로 산업보안을 위한 기술적, 관리적, 물리적 보안기법에 대한 전문적인 지식을 가진 인력으로써 산업보안 업무를 수행할 수 있는 인력으로 정의된다[29].

나. 산업기술보호인력의 현황 및 연구 현황

국가적으로 크고 작은 산업기밀 유출사고로 인한 금전적이고 국가적인 막대한 손실이 계속되고 있음에도 불구하고, 실질적으로 산업기술 보호를 위한 인력에 대해 명확하게 파악하고자 하는 노력은 진행되고 있지 않은 것으로 파악된다.

< 참고 >

산업기술

제품 또는 용역의 개발·생산·보급 및 사용에 필요한 제반 방법 내지 기술상의 정보 중에서 관계중앙행정기관의 장이 소관 분야의 산업경쟁력 제고 등을 위하여 법령이 규정한 바에 따라 지정 또는 고시·공고하는 기술
(법제처, 산업기술의 유출방지 및 보호에 관한 법률(법률 8900호), 2008.)

29) 산업기술보호협회, 산업기술보호 전문인력 양성 및 육성정책 연구, 2008.

제 3 장
정보보호인력 개요

제3장 정보보호인력 개요

제1절 정보보호인력의 정의

정보보호인력에 대해 이해하기 위해서는 정보보호산업에 대한 이해가 필요하다. 따라서, 정보보호산업에 대해 먼저 설명하고 이어서 정보보호인력에 대해 살펴보고자 한다.

1. 정보보호산업

일반적으로 정보보호산업은 정보통신망 이용촉진 및 정보보호 등에 관한 법률 제2조 제1항에 의거하여 "정보보호제품을 개발·생산 또는 유통하는 사업이나 정보보호에 관한 컨설팅 등과 관련된 산업"으로 정의된다[30]. 한국정보보호진흥원(KISA)이 정보보호산업 현황 조사[31]에서도 정보보호산업의 정의는 정보통신망법에 따른다고 명시하고 정보보호산업의 구성은 시스템 및 네트워크 보호 제품과 정보보호 서비스로 구분하여 산업과 인력현황을 조사하고 있다[32].

한편, 2009년 들어서는 제4차 산업인 지식산업(知識産業, knowledge industry)에 대한 중요성이 강조되면서 지식경제부 주도로 정보보호

30) 법제처, 정보통신망 이용촉진 및 정보보호 등에 관한 법률(법률 제10138호), 2010.

31) 한국정보보호진흥원, 국내 정보보호산업 시장 및 동향조사, 2008.

32) 2008년 이전에는 정보보호산업을 정보보호 하드웨어, 정보보호 소프트웨어, 정보보호 서비스의 3가지로 구분하였다.

산업을 지식산업과 연계하여 정보보호산업을 지식정보보안산업으로 확장시켜가고 있다.[33] 정보통신산업진흥법[34] 제32조에서는 지식정보보안산업을 "암호・인증・인식・감시 등의 보안기술이 적용된 제품을 제조 또는 판매하거나, 보안기술 또는 보안제품을 활용하여 재난・재해・범죄 등에 대응하거나 관련 장비・시설을 안전하게 운영하기 위한 모든 서비스 제공과 관련되는 산업"으로 정의하고 있다.

또한, 지식경제부는 지식정보보안산업을 정보보안, 물리보안, 융합보안 등 세 분야로 구분하고 2007년 현재 3조 1.2천억원 규모에서 2013년 18조 4천억원 규모로 성장할 것으로 전망하고 있다. 또한, IT와 비IT 간의 융합이 가속화되고 영역 간의 구분이 불명확해지면서 정보보호산업이 지식정보보안산업으로 확대되는 것은 자연스러운 현상이 될 것으로 기대된다.

〈참고〉

정보보호산업의 구성

- 시스템 및 네트워크 보호 제품: 침입차단시스템, 침입방지시스템, 통합보안시스템, 보안관리, 가상사설망, 인증제품, Anti Virus, Anti Spam, 보안운영체제, 통합 PC보안, DB/컨텐츠 보안, 공개키 기반구조, 접근관리, 바이오인식 제품, 기타제품
- 정보보호 서비스: 유지보수, 보안컨설팅, 보안관제, 인증서비스, 기타서비스

33) 지식경제부 보도자료, 2013년까지 지식정보보안산업 18조원 시장창출, 2008. 12. 15.

34) 법제처, 정보통신산업진흥법(법률 제9981호), 2010.

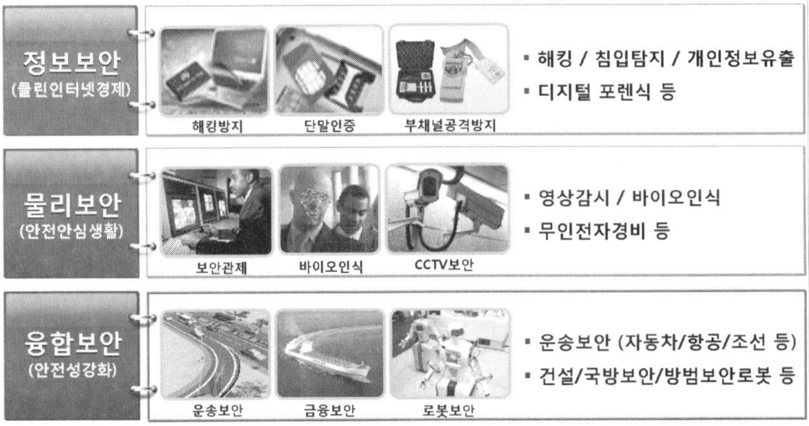

※ 출처: 지식경제부, 지식정보보안 IT전략기술로드맵 2015, 2009.

그림 6. 지식정보보안산업의 구성 (지식경제부)

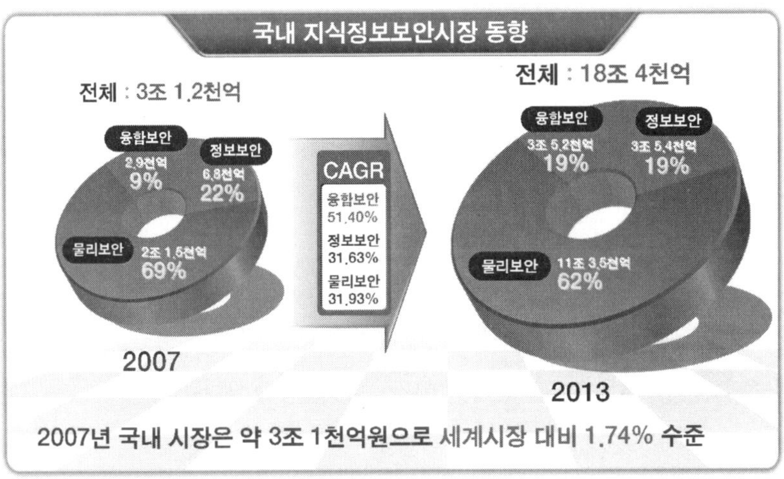

※ 출처: 지식경제부, 지식정보보안 IT전략기술로드맵 2015, 2009.

그림 7. 국내 지식정보보안시장 동향 및 전망

2. 정보보호인력

일반적으로 정보보호인력은 정보보호에 관한 고도의 지식과 기술수준을 가지고 미래지향적으로 정보보호 업무를 수행할 수 있는 능력을 가진 인력으로 정의된다. 정보보호 인력에 대한 대표적인 정의로는 미국 표준기술연구소(National Institute of Standards and Technology, NIST)가 SP 800-16을 통해 "정보보호 전문인력이란 정보보호에 관한 고도의 지식과 기술수준을 가지고 미래지향적으로 정보보호 업무를 수행할 수 있는 능력을 가진 인력"이라고 정의한 것이 있다[35]. 그러나, 정보보호 관련기관들간에 합의된 정보보호인력에 대한 정의는 없으며 같은 맥락에서 정보보호인력의 범주에 대해서도 합의된 바가 없다. 각 기관별 정보보호산업 및 인력현황 파악을 위한 실태조사에서도 딱히 정해진 기준없이 매해 상이한 분류와 기준에 의거한 조사가 반복되고 있어 정보보호인력에 대한 통계치 확보에 어려움이 있는 것이 현실이다.

또한, 최근 정보보안산업이 지식정보보안산업으로 확장·발전되고 있는 추세에 있음에도 불구하고 산업에 대한 정의와 범주는 법률에 규정되어 있지만 지식정보보안인력에 대해서는 역시 명확히 정의 내려진 바 없다.

앞서 다른 분야의 인력연구 현황에서도 살펴보았듯이, 인력에 대한 정의 및 범주는 산업에 대한 정의와 범주에 기반하여 내려지는 경우가 많다. 즉, 정보보호산업 종사인력을 곧 정보보호인력으로 보는 것이다. 이 기준으로 한다면 "지식정보보안인력은 지식정보보안 제품 및 서비스를 생산하고 제공하는 기업에 종사하는 인력"으로 정의할 수 있다.

35) An IT security professional is one who integrates the principles of the IT security field in a forward-looking manner to keep up with technology trends and their evolving security implications.(출처: NIST, Information Technology Security Training Requirements: A role- and performance-based model, Special Publication 800-16, 1998.)

〈 참고 〉

보안기술

지식경제부의 지식정보보안로드맵 기술분류 체계도

중분류 (1단계)		소분류 (2단계)	요소기술 (3단계)
정보보안	공통기반 보안	암호알고리즘	대칭키 알고리즘(DES, 3DES, AES), 공개키 알고리즘(RSA, ELGamal) 등
		네트워크/시스템보안	암호키분배, 디지털서명, 비밀분산기법(secret sharing scheme) 등
		서비스/응용보안	양자암호 프로토콜, 양자암호 송수신 모듈 등
		인증인프라	PKI, IAM(계정 및 권한 통합관리) 등
		부채널공격대응	시차공격법, 전력분석법, 전자복사공격법 등
		개인정보보호	DB보안, 개인정보 저장/관리/추출 등
	네트워크/시스템 보안	네트워크 침입대응	Firewall, IDS, IPS, VPN, UTM, Virus Wall, DDoS, 클라우드 컴퓨팅 보안 등
		악성코드대응	안티 웜·바이러스, 안티 스파이웨어, 안티 스팸메일, 안티 피싱, 악성봇 대응 등
		보안운영체계	커널 취약성 분석, 시스템 접근제어 등
		디지털포렌식	디지털 증거 검색/분석/복구 등
		보안전용칩셋	스마트카드, TPM, USIM, 보안토큰, 보안칩 SoC
		접속보안	BcN보안, 무선랜보안, 무선단말보안, Wibro보안, 이동통신보안, IPv6보안, 미래인터넷 보안 등
		보안관리	위험관리, 취약성 분석, 보안성 평가 등
	서비스/응용보안	지식콘텐츠보안	DRM, SCM(공급망관리), CAS(수신제한장치) 등
		응용서비스보안	LBS보안, 웹보안, VoIP보안, IPTV보안 등
물리보안		재난관제	치안관제, 항공관제, 해상관제, 환경감시관제 등
		보안모니터링	CCTV/DVR, 영상보안, 산업기밀유출방지 등
		바이오인식	홍채인식, 지문인식, 얼굴인식, 정맥인식 등
융합보안		지능형차량보안	차량블랙박스, 차량통신보안, 차량센서보안 등
		u-헬스케어보안	의료정보접근제어, 의료정보공유 등
		금융보안	금융피싱방지, 인터넷뱅킹보안 등
		로봇보안	네트워크로봇보안, 로봇간통신보안 등
		스마트그리드 보안	AMI암호/인증/프라이버시보호, AMI-배전인터페이스보안, 전력망침입탐지/차단 등
		주력산업보안	건설/국방/조선산업 등 보안

※ 출처: 지식경제부, 지식정보보안 IT전략기술로드맵 2015, 2009.

제2절 정보보호인력의 분류

앞서 살펴보았듯이 아주 오랫동안 정보보호인력은 특정한 기준 없이 정보보호에 대한 전문성을 갖추고 정보보호산업체에 종사하는 인력으로 정의되어 왔다[36].

한국정보보호진흥원의 「2008 정보보호산업 시장 및 동향 조사」에 따르면, 정보보호인력은 직종별로는 연구 및 개발직, 관리직, 영업직, 기타 관련직으로 분류되며, 수준별로는 특급, 고급, 중급, 초급으로 분류된다[37].

표 13. 2008년 정보보호인력의 분류(직종별)

구 분	세세구분
연구 및 개발직	암호 인증기술
	시스템 네트워크
	응용기술 서비스
관리직	정보시스템 관리
	정보보호 컨설팅
영업직	정보보호 영업직
기타 관련직	정보시스템 감리/인증
	정보보호 교육
	기타

한편, 2008년 한국정보보호진흥원(KISA)는 「유비쿼터스 환경에서의 정보보호 정책 방향」이라는 연구에서 정보보호 분야의 직무체계 개발을 통해 정보보호 인력을 정보보호 직무를 수행하는 인력으로 정의하고 정보보호인력을 직무군별로 나눠 인력 현황을 파악하였다. 이

36) 한국정보보호진흥원, 2008 정보보호산업 시장 및 동향 조사, 2008.

37) 엔지니어링 사업대가의 기준(지식경제부공고 제2008-109호(2008.6.3.) 개정공고)에서 명시하고 있는「기술자의 등급 및 자격기준」 사용

연구에서 제시된 정보보호 분야 직무군은 전략 및 기획, 마케팅 및 영업, 연구개발 및 구현, 교육 및 훈련, 관리 및 운영, 사고대응, 평가 및 인증 등 7개군이다. 이에 대해서는 제5장에서 자세히 살펴보도록 하겠다.

표 14. 직무별 정보보호인력의 분류(KISA)

직무군	직 무
전략 및 기획	위험 분석
	정보보호 정책 및 계획 수립
	개인 정보보호 관리
마케팅 및 영업	마케팅 매니지먼트
	기술 영업
연구개발 및 구현	연구개발
	구현
교육 및 훈련	일반인 및 사용자 교육
	전문가 교육
관리 및 운영	프로젝트 관리
	정보인프라 보안관리
	물리적보안
사고 대응	모니터링 및 대응
	디지털 포렌식
	업무 지속성 관리
평가 및 인증	평가인증 및 품질보증
	정보시스템 보안감사

최근에는 지식정보보안산업의 도래로 전통적인 정보보호산업이 물리보안을 포함하게 되면서 영역을 확장해 나감에 따라 지식정보보안인력에 대한 정의 및 분류가 산업 중심으로 이루어지고 있는 추세에 있다.

한국인터넷진흥원의 「2009 국내 지식정보보안산업 시장 및 동향 조사」에 따르면, 지식정보보안산업인력(정보보호인력)은 정보보안 관련 업무 종사인력, 물리보안 관련 종사인력, 융합보안 관련 업무 종사인력으로 분류된다.

표 15. 2009년 정보보호인력의 분류

구 분	세세구분
정보보안 관련 업무 종사인력	정보보안 연구 및 개발직
	정보보안 관련 관리직
	정보보안 영업직
	기타 정보보안 관련직
물리보안 관련 업무 종사인력	물리보안 관련 제품개발직
	물리보안 관련 영업직
	물리보안 기술지원직
	물리보안 생산직
	관리 및 기타
융합보안 관련 업무 종사인력	-

제3절 정보보호인력의 현황

한국정보보호진흥원(KISA)이 2008년 실시한 「2008 국내 정보보호산업 시장 및 동향 조사」에서는 정보보호 관련 제품 및 서비스를 생산하고 제공하는 기업을 대상으로 정보보호인력의 현황을 조사하였다. 이 조사에서는 정보보호인력 현황을 전공(정보보호학과, 정보보호관련학과, 비관련학과), 직종(연구 및 개발직 등), 수준(특급, 고급, 중급, 초급) 별로 조사하였다.

표 16. 2008년 정보보호인력의 현황

구 분	2007년	2008년
연구 및 개발직	2,107명	2,167명
관리직	1,671명	1,740명
영업직	768명	738명
기타 관련직	328명	361명
합 계	4,874명	5,006명

2009년 조사는 「2009 국내 지식정보보안산업 시장 및 동향 조사」라는 이름으로 명칭을 바꾸어 실시되었으며, 인력의 분류도 변경되었다. 이 조사는 지식정보보안 제품 및 서비스를 생산하고 제공하는 기업을 대상으로 실시되었다.[38)39)40)]

38) 융합보안 산업은 제외, 정보보안 및 물리보안 산업만을 대상으로 조사

39) 2008년 조사에서는 2008년 현재 정보보호인력은 5,006명으로 조사되었음

40) 물리보안 제품 및 서비스: 물리보안 시스템, 물리보안 프로덕트, 물리보안 솔루션, 물리보안 서비스

표 17. 2009년 정보보호인력의 현황

구 분	세 세 구 분	인력현황
정보보안 관련 업무 종사인력 (4,040명)	정보보안 연구 및 개발직	45.5%
	정보보안 관련 관리직	33.5%
	정보보안 영업직	10.5%
	기타 정보보안 관련직	10.5%
물리보안 관련 업무 종사인력 (14,008명)	물리보안 관련 제품개발직	10.7%
	물리보안 관련 영업직	12.8%
	물리보안 기술지원직	14.0%
	물리보안 생산직	4.6%
	관리 및 기타	57.9%

제 4 장
정보보호인력양성정책 고찰

제4장 정보보호인력양성정책 고찰

제1절 정보보호 관련 정부부처별 역할

1. 방송통신위원회

국가 정보보호에 있어 방송통신위원회의 역할은 '정보통신강국으로서의 위상 제고를 위한 클린 인터넷 환경 구현'에 있다. 따라서, 방송통신위원회의 정책은 개인정보보호 등 정보화 역기능에 적극적으로 대처하기 위한 기반마련과 관련 인력양성에 중점을 두고 추진되고 있다.

가. 정책 아젠다

방송통신위원회(KCC[41])는 2008년 7월 인터넷 이용환경의 안전성 제고 및 인터넷 경제의 신뢰기반 조성을 목표로 「인터넷 정보보호 종합대책」을 발표하였다.[42]

방송통신위원회는 인터넷 상에서 빈번히 일어나고 있는 대규모 해킹 및 개인정보 유출과 유해정보 확산 등 인터넷 역기능 증가로 인한 국민 불안 가중에 따라 본 대책을 마련하였다고 밝히고 있다.

---

41) www.kcc.go.kr (방송통신위원회)

42) 방송통신위원회, 인터넷 정보보호 종합대책, 2008.

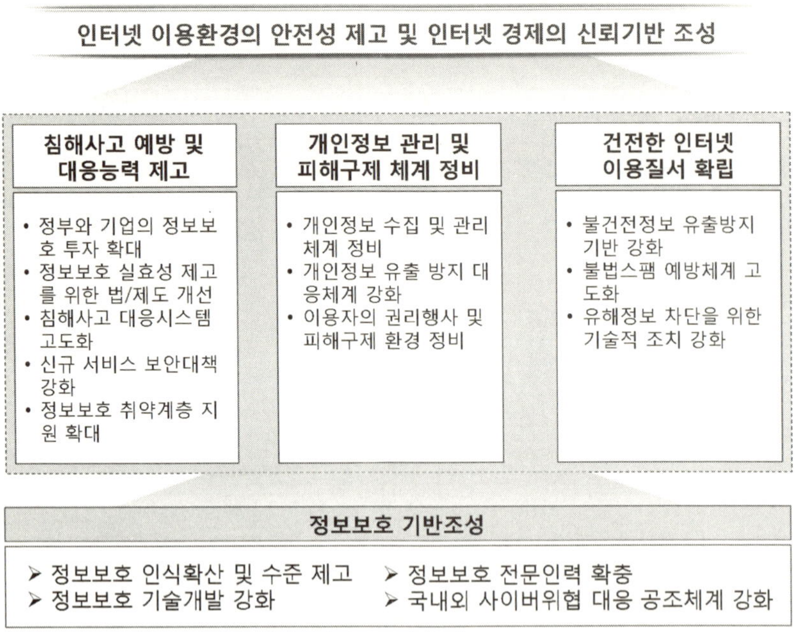

※ 출처: 방송통신위원회, 인터넷 정보보호 종합대책, 2008.

그림 8. 방송통신위원회의 정보보호 중기 종합계획의 정책목표

나. 정책 추진방향

방송통신위원회의 정보보호 정책은 개인정보보호를 중심으로 인터넷 상에서의 정보화 역기능에 대한 적극적인 대처방안을 마련하는 데에 중점을 두고 있다. 이를 위해, 「인터넷 정보보호 종합대책」을 통해 침해사고 예방 및 대응능력 제고, 개인정보 관리 및 피해구제 체계 정비, 건전한 인터넷 이용질서 확립, 정보보호 기반조성 등 4개 전략을 수립하고 이를 달성하기 위한 50개 세부 대책을 제시하였다.

또한, 관계 부처와의 협의를 통하여 정부의 IT예산 대비 정보보호 예산을 2012년까지 선진국 수준으로 확대하고, 기업의 정보보호시스템 설비 투자에 대한 인센티브 부여 등 정부와 기업의 정보보호 투자를 확대할 계획을 밝혔다.

2. 행정안전부

국가 정보보호에 있어 행정안전부의 역할은 '국가 기간 인프라의 안심·안전 확보'에 있다. 따라서, 행정안전부의 정책은 국가 기간 인프라의 보호를 위한 기반마련에 중점을 두고 추진되고 있다.

가. 정책 아젠다

행정안전부(MOPAS[43]))는 2008년 7월 해킹과 개인정보 유출, 유해정보 유포 등으로 국민 불안과 사회적 혼란이 가중됨에 따라 국가정보원, 지식경제부, 방송통신위원회, 한국정보보호진흥원과 합동으로 「정보보호 중기 종합계획」을 마련하여 발표하였다[44]).

나. 정책 추진방향

행정안전부의 정보보호 정책은 사회기간 인프라의 안심·안전을 확보하는데 초점이 맞춰져 있으며, 정보화 역기능에 의한 피해를 줄이기 위해서는 국민들 스스로 자기 정보를 지키는 노력도 필요하다는 인식 아래 정책을 추진하고 있다.

행정안전부는 2010년까지 제도개선 및 정보보호 인프라를 조성하여 정보보호를 위한 사회안전망을 구축하고 2012년까지 우리나라의 국제 정보보호 순위를 세계 5위로 끌어올려 국민들이 안심하고 신뢰할 수 있는 지식정보사회를 구현하겠다고 밝히고 있다. 또한, 정보보호 인프라 수준을 현재 55.4%에서 2012년 90%까지 확충하고 각종 해킹과 악성 바이러스로부터 정부기관 및 공공기관의 주요 정보통신시설을 보호하기 위해 2012년까지 5개년 동안 국비와 지방비 약 7천억 원을 투자하여 정보보호 인프라를 확충할 계획이다. 이를 위해, 한국인터넷

43) www.mopas.go.kr (행정안전부)
44) 행정안전부, 정보보호 중기 종합계획, 2008.

진흥원(KISA)에 「사이버방역센터」를 설치하여 영세기업과 일반국민들의 개인PC에 대해 해킹과 바이러스 감염여부를 온라인으로 진단해 주고, 백신 프로그램 설치 등 정보보호를 위한 서비스를 제공한다는 계획이다. 이와 더불어, 「정보보호 119 서비스」를 도입하여 각종 사이버 공격에 대한 신고와 공격에 대한 보호조치 요청시 즉시 지원할 수 있는 체계를 갖춰 민간의 정보보호 수준을 현재 63%에서 2012년 80%까지 제고할 계획이다.

※ 출처: www.mopas.go.kr (행정안전부)

그림 9. 행정안전부의 정보보호 중기 종합계획의 정책목표

3. 지식경제부

국가 정보보호에 있어 지식경제부의 역할은 '산업육성'에 있다. 따라서, 지식경제부의 정책은 산업육성 및 산업발전을 위한 전문인력 양성에 중점을 두고 추진되고 있다.

가. 정책 아젠다

지식경제부(MKE[45])는 2008년 12월 지식정보보안산업을 우리경제의 신성장동력으로 육성하기 위한 발전비전인 「Securing Knowledge Korea 2013(지식정보보안산업 진흥 종합계획)」을 발표하였다.

나. 정책 추진방향

지식경제부는 「Securing Knowledge Korea 2013」을 통해 2013년까지 정보보안 및 융합보안 등 3대 원천 분야 R&D에 1,500억원 투자, 디지털 포렌식, 윤리적 해커 등 지식정보보안 전문인력 3,000명 양성(300억원), 지경부 소관 주요정보통신기반시설 지정 확대(5개 → 36개), 보안제품 패키지 수출 컨소시움 운영 등의 계획을 밝혔으며, 이를 통해 2007년 현재 3조원 수준인 지식정보보안산업 시장을 2013년까지 18.4조원 규모로 확대하고 수출도 30억 달러 수준으로 끌어올릴 계획이다.

45) www.mke.go.kr(지식경제부)

제2절 정보보호인력 양성 관련 부처별 정책 현황

1. 방송통신위원회

방송통신위원회는 「인터넷 정보보호 종합대책」의 전략의 하나로 정보보호 인식확산 및 수준제고, 정보보호 전문인력 확충, 정보보호 기술개발 강화, 국내외 사이버 위협 대응 공조체제 고도화를 통해 정보보호 기반을 조성하겠다고 밝힘으로써 정보보호 인력 양성에 대해서도 의지를 다지고 있다.

방송통신위원회의 인력양성정책의 내용 및 추진방향은 크게 두 가지이다. 첫째는 범국민 정보보호 인식제고 캠페인을 전개하는 것이다. 이를 위해, 정보보호 기상예보, 윤리강령・자율규약 제정 등 정보보호 인식확산 및 수준제고를 위한 다양한 수준제고 프로그램을 추진한다는 방침이다. 둘째는 정보보호 전문인력의 확충이다. 이를 위해, 정보보호전문가 자격 제도의 내실화를 기하고 대학 정보보호 지원 및 해킹방어 대회 수상자에 대한 혜택도 확대할 방침이다.

2. 행정안전부

행정안전부의 인력양성 정책의 목표는 u-biz의 신뢰성 제고를 위한 전문가 양성이며 2008년 현재 285명 수준인 정보보호 전문가를 2012년까지 3,000명 수준으로 늘린다는 계획이다.

표 18. 행정안전부의 정보보호 전문인력 양성 목표

인력양성 목표		2008년	2009년	2010년	2012년
u-biz의 신뢰성 제고	정보보호 전문가 양성	285명	415명	1,000명	3,000명

※ 출처: www.mopas.go.kr(행정안전부)

정보보호 전문인력 양성을 위해 행정안전부가 제시하고 있는 정책 과제는 정보보호 기술자격제도 개선, 정보보호 인력수요 확대 지원, 정보보호 인력양성 프로그램 확대, 정보보호 교육 프로그램 전문화, 정보보호 담당자 전문성 제고 등이다.

특히, 정보보호 인력양성 프로그램 확대의 경우 대학IT연구센터(ITRC) 사업과 지역협력연구센터(RRC) 사업 등에 정보보호 특화 프로젝트를 추진함으로써 고급인력을 양성한다는 계획이며, 정보보호인력 수급전망 및 수요조사를 통한 맞춤형 인력양성을 위한 기반도 마련할 계획이다.

3. 지식경제부

지식정보보안산업은 리스크 없는 유비쿼터스 사회(Risk-free Ubiquitous) 및 신시장 창출의 원동력으로 각국이 국가적 역량을 집중하고 있는 분야이다. 이에 따라, 지식경제부는 오는 2013년까지 3천명의 전문 인력 양성 계획을 밝히고 있다.

우선, 지식정보보안산업의 고급 전문인력의 안정적 공급을 위해 한국인터넷진흥원(KISA)와 함께 2009년부터 지식정보보안 고용계약형 맞춤형 석사과정을 운영하고 있으며, 한국인터넷진흥원 내에 KISA 아카데미팀을 설치하여 운영하고 있다.

이와 함께, 2009년 제1회 국제모의해킹 대회 개최 및 윤리적 해커의 자유로운 활동 환경 조성 등을 통해 1천명의 윤리적 해커를 양성할 계획이다. 또한, 정보보호전문가(SIS) 자격증의 활용 범위 확대를 위해 현행 민간자격증을 2009년 중 국가기술자격증으로 격상하고 SIS 자격증 소지자에 대한 공무원 및 공기업 취업 시 가산점 부여, 자격증 소지자 채용기관에 대한 공공기관 보안수준 평가시 우대배점 부여 등의 추가적인 인센티브를 제공할 계획이다.

〈 참고 〉

유비쿼터스 IT (Ubiquitous IT, u-IT)

▸ 유비쿼터스 IT 는 모든 객체에 컴퓨팅 파워가 편재하고 이들이 네트워크로 연결되어 시간과 장소에 상관없이 자유롭게 사용 가능
  - u-IT는 기본적으로 현실성(real), 상시접속성(connected), 내재성(invisible), 자율성(calm)의 특성을 가짐
  - u-IT를 활용한 u-서비스는 상황인지에 의한 지능형 서비스, 공간융합에 의한 서비스, 실시간 현장 서비스, 보이지 않는 서비스 등이 가능

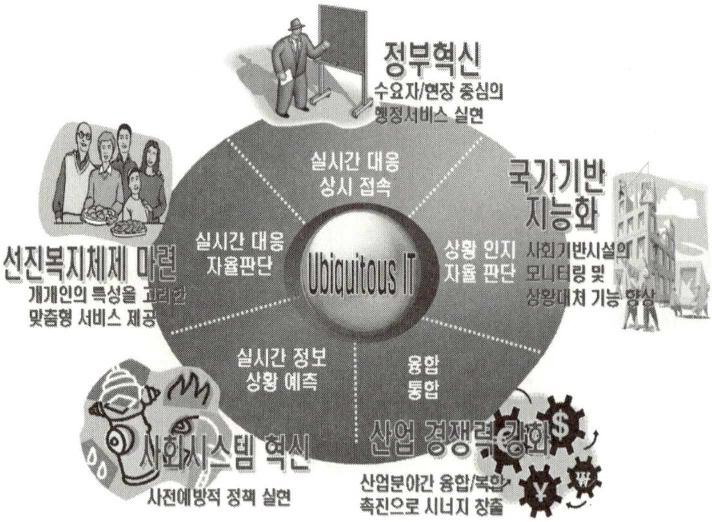

※ 출처: 정보통신부, u-KOREA 기본계획, 2006.3.

제3절 국내 정보보호인력 양성 정책의 문제점

1. 국가적인 정보보호인력 양성 프레임워크 부재

국내 정보보호인력 양성을 위해 가장 필요한 것은 부처간의 합의를 통해 체계적이고 합목적적인 인력양성 목표 및 정책을 발굴하는 것과 이를 장기적으로 추진할 수 있는 단일화된 추진주체를 마련하는 것이다. 현재, 국내 정보보호 분야의 산업발전과 인력양성을 위한 정책은 앞서 살펴본 바와 같이 지식경제부, 행정안전부, 방송통신위원회 등 3개 부처가 주로 관여한다. 산업발전을 위한 정책시행은 지식정보보안산업협회(KISIA), 산업기술보호협회(KAITS) 등을 통해서, 국내 정보보호인력 양성을 위한 교육 및 정책시행은 한국인터넷진흥원(KISA), 국가정보원(NIS), 산업기술보호협회(KAITS) 등을 통해서 주로 시행되고 있는 것으로 파악된다.

정보보호인력 양성을 위한 추진주체의 마련은 부처간 협력사항이므로 시일이 걸릴 사안이라 할지라도, 정보보호인력 양성을 위한 체계적인 인력양성 정책에 대해 논의하고 필요한 연구를 수행하는 것은 매우 시급한 일이라 할 수 있다. 이러한 노력이 부처간 협력을 통한 명확한 인력양성 대상과 목표를 가지고 다년간의 대규모 연구사업으로 진행될 수 있다면 정보보호산업 발전과 전문인력 확보를 위한 촉매제가 될 것으로 기대된다.

2. 정보보호인력 양성정책 연구의 한계

주제는 다르다 할지라도 모든 인력 관련 연구의 목적은 한결같다. 즉, 해당 주제에 대해 연구하는 목적은 모두 실행력 있고 현실성 있는 인력양성정책을 개발하여 제안하는 데에 있다. 정보보호인력에 대한 연구도 마찬가지이다. 그러나, 국가적으로 정보보호의 필요성에 대한 인식은 높을지라도 실질적으로 산업의 배가적인 성장과는 무관한 상황이며 이로 인해 정보보호 전문인력 양성의 필요성에 대해서도 국가적인 주목을 받지는 못하고 있다. 이는 국가, 산업체, 개인 모두가 정보보호 침해사고나 정보유출사건 등이 터져 직접적이고 가시적인 손실이 나야 정보보호를 위한 조치를 취하는 사후약방문식 또는 단기적이고 일시적인 정보보호 조치(제품 및 서비스 사용)가 반복되고 있기 때문이다. 따라서, 국가나 산업체 모두 장기적인 비용이 드는 정보보호 전문인력 확보 및 정보보호부서의 상시운영을 꺼려하는 것이고 인력은 좋은 대우를 바라기 어려운 정보보호 분야에 들어오기를 꺼려하는 것이고 막상 사건이 터지면 전문인력을 확보할 수 없어 사건이 커지거나 재발하는 문제가 계속적으로 반복되고 있다.

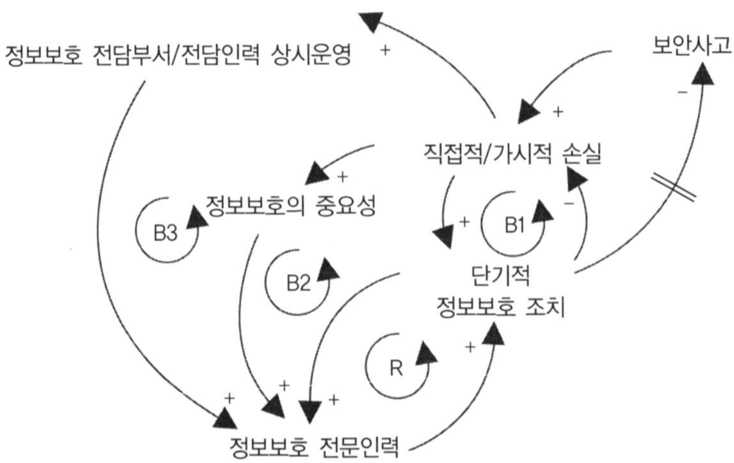

그림 10. 국내 정보보호인력 양성 환경의 한계

정보보호인력에 대한 연구는 2002년 舊정보통신부의 '중장기 정보보호 기본계획'에서 전문인력 양성이 핵심 정책과제로 제시되면서 시작된 것으로 파악된다[46]. 2002년까지 정보보호인력은 정보통신인력의

46) 정보통신부, 중장기 정보보호 기본계획, 2002.

일부로 취급되어 왔으나, 사회적으로 여러 가지 정보화의 역기능 문제가 발생하면서 전문화된 정보보호인력 양성의 필요성이 제기된 것이다.

표 19. 정보보호인력 양성정책 개발을 위한 연구 현황

구 분		인력 양성정책에의 함의
2003년도 정보보호인력 수급실태조사 (KISA, 2003)	→	• 정보보호인력 수요 및 공급 실태조사
정보보호 직무체계 개발 및 인력수급 실태조사(KISA, 2007)	→	• 정보보호 분야 직무체계 개발(정보통신 분야 참조) • 정보보호인력 수급 실태조사
정보보호 직무수행기준 개발 및 인력수급 실태조사(KISA, 2008)	→	• 정보보호 분야 직무수행기준 개발(정보통신 분야 참조) • 정보보호인력 수급 실태조사
정보보호 분야 직무별 필요 지식 및 기술 분석(Information Systems Review, 2008)	→	• 정보보호 분야 직무별 필요 지식 및 기술 도출/제시(4개 직무군 중심)
국가 정보보호 교육 프레임워크 개발 (KISA, 2008)	→	• 정보보호인력 교육을 위한 체계적인 프레임워크 제시
정보보호 분야 지식 및 기술 수요 (정보보호학회지, 2009)	→	• 정보보호 분야 직무별 필요 지식 및 기술 도출/제시

이후, 단기적이고 단발적이지만 정보보호인력에 대한 연구는 주로 한국인터넷진흥원(KISA)[47]을 중심으로 진행되어 오고 있으며, 인력양성정책연구(2002)[48], 인력수급실태조사(2003~2009)[49], 직무체계개발 및 전문지식/기술 도출(2007[50], 2008[51], 2009[52]), 교육프레임워

47) www.kisa.or.kr(한국인터넷진흥원)

48) 한국정보보호진흥원, 정보보호인력 수요예측 모형 개발 및 수급 전망조사, 2002.

49) 한국정보보호진흥원, 2003년도 정보보호인력 수급실태조사, 2003.

50) 한국정보보호진흥원, 정보보호 직무체계 개발 및 인력수급 실태조사, 2007.

51) 한국정보보호진흥원, 정보보호 직무수행기준 개발 및 인력수급 실태조사 2008. 11. 전효정, 유혜원, 김태성, "정보보호 분야 직무별 필요 지식 및 기술 분석", Information Systems Review, 10(2), 253-267, 2008.8.

52) 유혜원, 전효정, 김태성, "정보보호 분야 지식 및 기술 수요", 정보보호학회지, 19(1), 23-28, 2009.2.

크개발(2009)[53] 등의 정보보호인력 양성정책 개발을 위한 단계적인 인력연구가 진행되어 오고 있다. 또한, 인력현황 파악은 정보보호산업협회(KISIA, 現지식정보보안산업협회)[54] 주관으로 '정보보호산업 시장 및 동향 조사[55]'를 통해 이루어지고 있지만, KISIA 회원사인 정보보호 전문업체(지식정보보안산업 전문업체)를 대상으로 해당업체 종사인력에 대해서만 파악하고 있으므로 실질적으로 국가적인 정보보호 전문인력 실태조사라고 할 수는 없다. 인력의 수요 및 공급 현황을 명확하게 파악하기 위한 통계체계를 마련하고 보다 정확한 현황파악을 위한 조사를 시행하고 이에 기반한 장기적인 수급 전망을 해야 한다. 또한, 수요 기반형 인력양성을 위한 교육정책을 개발하고 직무능력을 향상시키기 위해 정보보호 분야의 정책 및 인력 전문가는 물론 타 분야의 전문가와 정보보호 분야에서 오랜 기간 종사한 인력의 현장 감각에 기반한 직무체계의 개발도 필요하다. 즉, 많은 전문가들이 참여해야 하고 그만큼 연구기간도 길어야 하며 많은 비용이 소요된다. 그러나, 정보보호인력에 대한 연구는 정보보호에 대한 단발적인 관심만큼이나 사업비나 사업기간 면에서 매우 소규모로 진행되고 있으며 이마저도 산발적으로 이루어지고 있는 현실이다. 제5장부터 제7장까지는 정보보호인력 양성정책을 주제로 한 국내연구 현황을 살펴보고 정보보호 인력정책에의 시사점은 무엇인지에 대해 논의해 보고자 한다.

53) 한국인터넷진흥원, 국가 정보보호 교육 프레임워크 개발, 2009.

54) www.kisia.or.kr(지식정보보안산업협회)

55) 2009년부터는 '지식정보보안산업 시장 및 동향 조사'라는 이름으로 실시되고 있다.

제 5 장
정보보호인력 직무체계의 개발

제5장 정보보호인력 직무체계의 개발[56)]

제5장에서는 인력의 수요와 공급간 차이를 해소하기 위해 기업수요에 맞는 정보보호 전문인력을 양성하기 위한 첫 단계라 할 수 있는 정보보호 분야의 직무체계에 대해 살펴보고자 한다. 직무체계란 무엇인지에서부터 정보보호 분야 직무체계의 개발과정과 결과에 대해 살펴보자.

제1절 직무체계란 무엇인가

한국표준직업분류에서 정의한 바에 따르면, 직무수행의 기본단위는 일(task) 또는 작업이다. 일이란 특정 목적을 달성하기 위하여 수행되는 일련의 과정으로 논리적으로 독립되고 완결된 일정량의 업무(work)라고 할 수 있다. 다시 말해 합목적성과 어느 정도의 완결성을 가진 경제활동의 최저 업무단위이다. 직위(position)란 한 사람에 의

56) 제5장은 한국정보보호진흥원의 "정보보호 직무체계 개발 및 인력수급 실태조사" 보고서와 "정보보호 직무수행기준 개발 및 인력수급 실태조사" 보고서 및 정보보호학회논문지에 게재된 "정보보호 분야 직무체계 개발" 논문을 중심으로 살펴보고자 한다.

- 한국정보보호진흥원, 정보보호 직무체계 개발 및 인력수급 실태조사, 2007
- 한국정보보호진흥원, 정보보호 직무수행기준 개발 및 인력수급 실태조사, 2008.
- 전효정, 김태성, 유진호, 지상호, "정보보호 분야 직무체계 개발", 정보보호학회논문지, 19(3), 143-152, 2009.6.

해 수행되고 있는 특정한 투입물과 산출물을 생산하는 활동과 관련된 일(task)의 집합으로 산업적인 측면이 강조되며 일을 수행하는 사람을 중심으로 보는 개념이다. 특정 생산 활동에 종사하는 모든 사람은 하나 이상의 직위를 갖고 있으며, 이는 직무수행과 관련된 의무와 일정한 권한을 포함하고 있다.

〈참고〉

일(task)

일(task)은 다시 몇 개의 작업요소(task element) 또는 공정(operation)으로 나눌 수 있다. 예를 들어 주유하는 사람의 일은 주유하기, 주유소 광고하기 등이다. 주유하기의 작업요소는 주유하기 적정한 곳으로 차를 유인하는 것과 기름 탱크를 열고 기름을 주유하기, 요금을 계산하기 등이다.

직무(job, skill)는 '한 사람이 수행하는 일의 집합체이며, 그 속에 아무리 많은 일이 포함되어 있더라고 한 명의 사람이 수행한다면 그 일은 하나의 직무를 구성한다'라고 말할 수 있다. 직무는 한 사람이 생산 활동과 관련되어 수행하는 업무를 중심으로 보는 개념으로 선발, 훈련, 과업배분의 기본단위이고 직업조사와 연구 및 분류의 기초라고 할 수 있다. 만일 여러 사람이 동일한 임무(duty)와 일(task)을 수행하고 있다면 그들은 동일한 직무로 분류된다.

조직 내에서 직무의 수는 직위의 수와 같거나 적게 된다. 유사한 직무를 모아서 하나의 범주화하는 것, 즉 유사한 직무의 집합이 직업(occupation)이다. 직업은 하나의 사업장 이상에서 발견되며 한사람 이상의 작업자에 의해 수행되는 공통된 직무들의 묶음으로 특정한 직업은 작업목적, 작업방법, 중간재료, 최종생산물, 작업자의 행동, 작업자의 특성 등의 관점에서 볼 때 유사한 관계에 있다.

직종(occupation)은 유사한 직업들의 집합을 말하거나 직업간 비교를 할 때 사용된다. 기업 내에서 이루어지는 직무순환은 보통 동일 직종을 중심으로 이루어진다. 직렬은 직무의 종류가 유사하고 책임과 어려움의 정도가 다른 직급의 계열을 말한다. 경찰직, 소방직, 법제직, 외부직 따위에서 채택하고 있으며, 승진이나 강임은 원칙적으로 동일 직렬 안에서만 인정한다. 직군은 성질이 유사한 직무를 한데 뭉뚱그려 군으로 묶은 것을 말한다. 예를 들어, 토목직, 건축직을 토건직으로, 경찰직, 소방직을 공안직으로 묶는다[57].

〈참고〉

직무 (skill)

'직무'는 자영업을 포함하여 특정한 고용주를 위하여 개발 종사자들이 수행해야할 일련의 업무와 과업을 의미하는 반면, '직업'은 유사한 직무의 집합으로 정의됨. 여기서, 유사한 직무란 주어진 업무와 과업이 매우 높은 유사성을 갖는 것을 말함

(www.nso.go.kr)

57) 직업분류 체계상에서는 보통 직업 수준으로 세분류 이하를 보며, 그 이상(소분류)은 직종의 개념으로 보는 것이 일반적이다.

한국직업능력개발원이 2005년 개발하여 발표한 「IT Skill 체계 개발 연구보고서」에서는 직무체계(Skills Framework)란 "산업현장의 직무에 근거하여 직무분류 및 직무수준을 설정하고 직무수준별 수행기준을 제시하는 것"이라고 정의하고 있다. 여기서 직무(skill)란 해당 작업수행을 위한 구체적 절차와 방법에 따라 작업에 적용해서 기대성과(performance)를 도출해 낼 수 있는 능력으로 정의되며, 그 능력은 실제 작업의 결과와 행동의 결과로 표현된다.

직무체계는 직무를 명확화・체계화・표준화하는 작업이다. 즉, 추상적인 직무를 국가, 기업, 개인이 일치된 커뮤니케이션을 할 수 있도록 해주는 틀을 말한다. 따라서 직무체계는 어떠한 측면에서는 직무표준(skills standard) 또는 직무분류(skills classification)와 유사하다.

표 20. 직무체계의 개념 및 유사개념 비교

구 분	개 념
직무 분류 Skill Classification	특정한 목적(통계조사, 인력수급, 경력개발 등)을 위해 일정한 원칙 및 기준 아래에서 직무의 특성(유형, 수준 등)에 따라 구분 및 정의한 것
직무 코드 Skill Code	분류된 것에 일정한 규칙에 따라 부호를 부여하는 것
직무 표준 Skill Standard	직무 관련 서비스 제공에 필요한 능력을 명확화 및 체계화한 지표 또는 기준으로 직무별 보편적 특성을 추출하여 제공하는 것
직무 체계 Skill Framework	직무가 구분되는 일정한 틀을 형성하는 것. 일례로, 구분되는 직무유형을 구분하고 구분된 분야별로 수준 등을 설정하는 것. 각 설정된 유형/수준별로 요구되는 수행활동 또는 기준, 지식, 도구 등을 제시하는 것

※ 출처 : 한국직업능력개발원, IT Skill 체계 개발 연구, 2005.

제2절 국내외 직무체계 개발 사례

국내는 물론 국외에서도 정보보호 분야 직무체계의 개발사례는 아직 없는 것으로 파악된다. 다만, 정보보호 관련 직무를 포함하는 정보통신(IT) 분야의 직무체계가 다수 개발되어 있으며 실질적으로 산업현장에도 적용되면서 업데이트 되고 있다.

표 21. 국외 직무체계 연구현황

구 분	내 용
일본 JST, IT 직무표준	• 일본의 IT 분야 스킬 프레임워크 • 기존 IT 관련 서비스의 제공에 필요한 능력을 체계화한 지표 • 마케팅, 세일즈 등 11가지 직종을 구분하여 제시 • 경력과정을 명확하게 하기 위해 7단계의 직무수준 제시
미국 NWCET, IT 직무표준	• IT 직무표준 • IT기술자의 교육개혁, 교육과 사업과의 연계 강화 등이 목표 • 데이터베이스 관리 및 개발 등 총 8개의 IT 관련 직무군을 제시. 직무군은 다시 41개의 작업기능으로 구분됨
영국 SFIA, IT 직무체계	• 카테고리와 하위 카테고리를 통해서 두 단계로 IT 분야의 직무를 구분 • IT 분야의 직무를 분류하고 직무의 수행수준 정도를 가늠할 수 있는 직무체계의 참조모델로 개발됨 • 총 5개의 카테고리, 16개의 하위 카테고리 등으로 구성됨

본 절에서는 일본 과학기술부(JST), 미국 신기술인력센터(NWCET), 영국 정보시대직무체계개발협회(SFIA) 등에서 개발한 정보통신 분야 직무체계 개발 사례에 대해 소개하고자 한다.

1. 일본(IPA[58]), 2008)

일본의 IT 분야 스킬 프레임워크(ＩＴスキル標準Ｖ３ダウンロード)는 기존 IT 관련 서비스의 제공에 필요한 능력을 체계화한 지표로써,

58) www.ipa.go.jp(일본 경제산업성 산하 독립행정법인 정보처리추진기구 IT인재육성 본부 IT스킬 표준 센터)

산업체, 교육현장 등에서의 IT서비스 및 교육훈련 등에 유용한 정보제공 및 인력양성 등의 목적으로 고안되었다.

일본의 IT 스킬 표준은 IT 인력 육성의 일환으로 개발된 것으로 비즈니스에서 요구하는 성과의 지표를 정리한 캐리어편(달성도 지표[59] 제시)과 성과의 달성에 필요한 스킬을 정리한 스킬편(스킬 숙달도[60] 제시)으로 구성되어 있으며, ISO 등의 국제 표준을 참조해 정리되었다. 특히, 캐리어편의 달성도 지표는 직종별 능력 수준을 크게 비즈니스 공헌도와 전문가[61]로서의 공헌도를 구분하여 종합 평가함으로써 전문가로서 필요한 과제 해결의 경험 및 실적의 정도를 7단계 직무수준으로 제시하고 있다.

전체적으로 일본의 IT 분야 스킬 프레임워크는 직종을 컨설턴트나 프로젝트 매니지먼트, IT스페셜리스트 등 11가지로 분류하고 직종 마다 전부 상세한 전문 분야를 제시하고 있다. 이 체계의 횡축이 되는 직종에 대해서는 각 직종에 있어서의 업무를 실행하기 위해서 필요한 스킬의 차이나 서비스 공정의 차이를 중시해 구분하였다.

또한, 직무수준은 해당 직종 및 전문 분야에 있어 전문가로서의 가치창출을 위해 필요한 스킬(skill)의 정도를 표현하고 경력과정을 명확하게 하기 위해 7단계의 직무수준을 제시하고 있다. 캐리어 체계상에서 색상이 칠해진 부분이 그 직종과 전문 분야이다. 반면, 색상이 없는 공백의 부분은 시장에서 해당 레벨이 형성되어 있지 않은 것을 나타낸다.

일본 IT 직무체계에서 제시하고 있는 IT 분야의 11개 스킬 카테고리(직종)과 각 직종별 직무수준은 다음과 같다[62].

59) 전문 분야별로 실무 능력을 객관적으로 평가하는 지표

60) 비즈니스 수행시 필요한 각 스킬 항목마다 숙달 정도를 정의한 지표

61) 전문가 정의 : 비즈니스를 성공적으로 수행하여 산업계에 공헌하는 인재로서 전문적인 기술을 습득하고 있으며 이를 고객의 요구 충족에 적용시켜 비즈니스 성과를 달성함. 즉, 단지 높은 수준의 기술뿐만이 아니라, 비즈니스 성과를 달성하는데 필요한 리더십, 커뮤니케이션, 협상 등의 기술을 함양해야 하며, 후진육성을 위해서도 힘써야 함

62) 출처: www.ipa.go.jp/jinzai/itss/download_V3.html

표 22. 일본 IT 직무체계

스킬 카테고리	전문분야	직무수준						
		1	2	3	4	5	6	7
마케팅	마케팅 매니지먼트					■	■	■
	판매채널전략				■	■	■	
	마켓 커뮤니케이션			■	■	■	■	
세일즈(sales)	방문형 컨설팅 세일즈	■	■	■	■	■	■	■
	방문형 제품 세일즈	■	■	■	■	■	■	
	미디어 이용형 세일즈	■	■	■	■	■		
컨설팅	BT 컨설턴트				■	■	■	■
	IT 컨설턴트				■	■	■	■
	패키지 적용				■	■	■	
IT 아키텍트	애플리케이션				■	■	■	■
	데이터서비스					■	■	■
	네트워크					■	■	
	시큐리티					■	■	
	시스템매니지먼트					■	■	■
프로젝트 매니지먼트	시스템 개발/애플리케이션 개발/시스템 통합			■	■	■	■	■
	아웃소싱						■	■
	네트워크서비스				■	■	■	
	e-비즈니스 솔루션						■	■
	소프트웨어 개발			■	■	■	■	
IT 전문가	플랫폼	■	■	■	■	■	■	
	시스템관리	■	■	■	■	■	■	
	데이터베이스	■	■	■	■	■	■	
	네트워크	■	■	■	■	■	■	
	분산컴퓨팅	■	■	■	■	■	■	
	시큐리티	■	■	■	■	■	■	
애플리케이션 전문가	업무시스템	■	■	■	■	■	■	
	업무패키지	■	■	■	■	■	■	
소프트웨어 개발자	기본SW	■	■	■	■	■	■	
	미들웨어SW	■	■	■	■	■	■	
	응용SW	■	■	■	■	■	■	
고객 서비스	하드웨어	■	■	■	■	■		
	소프트웨어	■	■	■	■	■		
	설비관리			■	■	■	■	
운영	시스템 운영	■	■	■	■	■		
	네트워크 운영	■	■	■	■	■		
	고객 지원	■	■	■	■	■		
교육	연수기획				■	■	■	
	훈련(instruction)			■	■	■	■	

※ 출처: www.ipa.go.jp/jinzai/itss/download_V3.html

일본 IT 직무체계에서 제시하고 있는 직무수준별 수행기준은 다음과 같다[63].

- Level 7
  - 전문가로서 전문 분야에 대한 기술을 확립한 단계로 사내의 업무상 필요한 방법과 기술 및 비즈니스 등을 창조하여 리드할 수 있음
  - 선진적인 서비스의 개척이나 시장을 리드할 수 있는 경험과 실적을 바탕으로 세계에서 통용되는 고급 인력으로 인정됨
- Level 6
  - 전문가로서 전문 분야에 대한 기술을 확립한 단계로 사내의 업무상 필요한 방법과 기술 및 비즈니스 등을 창조하여 리드할 수 있음
  - 사내뿐만이 아니라 대외적으로도 풍부한 경험과 실적을 바탕으로 한 전문가로서 인정받으며 고급 인력으로 간주됨
- Level 5
  - 전문가로서 전문 분야에 대한 기술을 확립한 단계로 사내의 업무상 필요한 방법과 기술 및 비즈니스 등을 창조하여 리드할 수 있음
  - 사내에서 풍부한 경험과 실적을 바탕으로 한 전문가로서 인정받으며 고급 인력으로 간주됨
- Level 4
  - 전문가로서 전문 분야에 대한 기술을 확립한 단계로 스스로 기술을 활용하고 독자적으로 업무상의 과제를 발견 및 해결할 수 있음
  - 전문가로서의 경험을 지식화하고 응용(후진 육성)하는 데에 공헌

63) www.ipa.go.jp/jinzai/itss/download_V3.html (※출처: IPA, ITスキル標準V 3ダウンロード, 2008)
IPA: 일본 표준독립행정법인 정보처리추진기구(Information Technology Promotion Agency)

하며 높은 수준의 실무자로서 인정됨
- 스스로의 기술 개발을 위한 계속적인 연구 수행이 요구됨

- Level 3
  - 요구되는 작업을 모두 독자적으로 수행하며, 전문가가 되기 위해 필요한 응용된 형태의 지식 및 기능을 가짐
  - 스스로의 기술 개발을 위한 계속적인 연구 수행이 요구됨

- Level 2
  - 상위 레벨의 실무자들의 지도 아래 작업을 담당하며 프로페셔널이 되기 위해 필요한 기본적 지식 및 기능을 가짐
  - 스스로 경력 경로 개발을 위해 적극적인 기술의 습득이 요구됨

- Level 1
  - IT 업종과 관련된 최소한의 기초지식을 가지며, 스스로의 경력 경로 개발을 위해 적극적인 기술의 습득이 요구됨
  - IT 업종 모두에 해당하는 공통 레벨로 정의함

이때, 비즈니스 공헌도의 평가 기준은 담당한 프로젝트에 있어서의 책임의 강도를 나타내는 책임성과 프로젝트 난이도를 나타내는 시스템 복잡도(Complex System)와 프로젝트의 규모를 제시하고 있으며, 전문가로서의 공헌도 평가 기준은 각 전문 분야에 대한 전문성의 보유도 및 공헌 범위, 실적 수, 후진 육성을 제시하고 있다.

스킬편의 스킬 숙달도는 캐리어편의 달성도 지표에서 제시한 경험이나 실적에 필요한 스킬 항목을 제시하고 그에 수반되는 지식항목도 함께 구체적으로 제시하고 있다. 또한 각각의 스킬 항목을 크게 기술, 방법론, 비즈니스/산업, 프로젝트 관리, 인간성 등의 5가지로 구분하여 스킬 카테고리를 명확히 하고 있다.

2. 미국 (NSSB(2000), NWCET(2003)[64])

미국은 NSS법(National Skill Standards Act of 1994)에 의해서 국가직무능력표준위원회(National Skill Standards Board, NSSB[65])를 설립하여 15개 유망산업에 대한 국가직무표준을 제정하였으며 후에 22개 분야로 세분화하였다[66]. NSSB는 2003년 국가직무능력표준기구(National Skill Standards Board Institute, NSSBI)로 발전하였다. 특히, NSSB는 6개 산업분야[67]의 직무표준을 집중 개발하였는데 정보통신은 그 중 하나이다. NSSB에 의해 개발된 IT 분야의 직무체계는 68개 기술 분류와 7가지 중점 직무를 제시하고 있다. 7가지 중점 직무는 데이터베이스 개발 및 운영, 디지털 미디어, 네트워크 디바이스, 네트워크 인프라, 프로그래밍, 기술문서 작성, 웹 개발 및 운영 등이다.

---

64) NWCET, Building a Foundation for Tomorrow: Skill Standards for Information Technology, 2002.

65) www.nssb.org(미국 국가직무표준 제정기구)
2003년 별도 기구로 승인 (National Skills Board Institute)

66) Agriculture, forestry, and fishing / Construction / Administrative services / Education and training / Finance / Insurance / Healthcare / Human resources / Manufacturing, installation, and repair / Mining / Hospitality, amusement, and recreation / Arts and entertainment / Retail, wholesale, and real estate / Human and personal services / Public administration / Legal and protective services / Scientific and technical fields / Telecommunications / Computers / Transportation / Utilities / Environmental and waste management

67) NSSB 선정 6개 산업부문: 1) 제조업, 2) 판매서비스업, 3) 교육훈련, 4) 음식료 및 여행, 5) 유틸리티 및 환경과 폐기물 관리, 6) 통신, 컴퓨터, 예술, 오락, 정보

표 23. 미국 NSSB의 정보통신 분야 직무표준

직 군	주요 업무기능 (critical work function)
데이터베이스 개발 및 운영	데이터베이스 분석 및 설계 데이터베이스 개발 및 구현 데이터베이스 관리 및 유지보수 데이터 보증 제공 데이터베이스 고객 및 사용자 서비스 제공 데이터베이스 테스트
디지털 미디어	디지털 미디어 개발을 위한 분석 디지털 미디어를 위한 시각적/기능적 설계 제공 디지털 미디어 제품 개발 및 획득 수행 디지털 미디어 설계 구현 디지털 미디어 애플리케이션 테스트
네트워크 디바이스	Troubleshoot Problems 고객 서비스 및 지원 PC/네트워크 디바이스 설치 및 업그레이드 LAN 관리 및 보안 유지 LAN 및 네트워크 장비 기능 최적상태 유지 업무환경의 보안상태 유지
네트워크 인프라	네트워크 인프라 Troubleshooting 수행 네트워크 HW/SW 최적화 신규설비 설치 및 확장 네트워크 보안 구현 및 모니터링 LAN 설계
프로그래밍	애플리케이션 개발을 위한 분석 애플리케이션 설계 애플리케이션 개발 애플리케이션 타당성 확보 및 테스트 애플리케이션 구현/지원 및 유지보수
기술문서 작성	문서화 요구사항 분석 문서화되어야 할 요소(정보) 개발 문서 설계 문서 개발 및 작성 문서 발간
웹 개발 및 운영	웹 개발을 위한 콘텐츠 및 기술적 분석 수행 웹 애플리케이션/사이트 개발 및 설계 웹 사이트/애플리케이션 구현 및 유지보수 웹 환경 관리 웹사이트 품질관리를 위한 테스트

※ 출처: NSSB, ICT Skill Standards 2000.

NSF의 지원을 받는 NWCET(National Workforce Center for Emerging Technology)[68]도 IT 직무표준을 개발·관리하고 있고, 2003년에 3번째 버전이 발표되었다.[69]

2002년 발표된 2번째 버전[70]에 따르면, NWCET의 분류는 일반 교육과정의 개발, 직원의 고용과 평가, 대학기관과 전문 자격증 프로그램 등의 설계에 도움을 줄 수 있도록 구성되어 있다. 궁극적으로 NWCET는 직무분류를 통해 IT기술자의 교육개혁, 교육과 사업과의 연계 강화, IT교육과정 개발에 의한 고교나 대학, 직업전문교육기관의 연계 등을 목표로 하고 있다.

NWCET는 데이터베이스 관리 및 개발 등 총 8개의 IT 관련 직무군을 제시하고 있으며, 직무군은 다시 41개의 작업기능(work function)으로 구분되며, 각 작업기능은 직무군에 해당하는 직무의 수행목표를 간략하게 서술하는 형태로 구성되어 있다.

68) www.nwcet.org(미국 국가유망기술인력센터)

69) NWCET, Building a Foundation for Tomorrow: Skill Standards for Information Technology(SmartSkills 2003), 2003.

70) NWCET, Building a Foundation for Tomorrow: Skill Standards for Information Technology, 2002.

표 24. 미국 NWCET의 IT 직무표준

직 무 군	작업기능
데이터베이스 관리 및 개발	데이터베이스 분석 및 설계, 데이터베이스 개발 및 수행, 데이터베이스 관리와 유지보수, 보안관리 수행, 서비스 제공
디지털 미디어	분석, 시각 및 기능 설계, 미디어 제작, 설계의 수행과 테스트
기업 시스템 분석 및 통합	고객의 요구사항을 인지/문서화, 시스템 솔루션 결정, 시스템의 구성에 관한 전략적 지휘/감독, 높은 수준의 기술관리, 시스템 구현
네트워크 설계 및 관리	분석과 설계, 네트워크 구조화와 구성, 테스트, 모니터링과 네트워크 관리, 네트워크 관리 및 유지보수
프로그래밍 및 SW 엔지니어링	분석, 구조 개발, 프로그램의 설계 및 개발, 프로그램 구현, 프로그램 테스트, 프로그램의 유효성 검증, 제품의 배포
기술 지원	기술적 문제점/고장 수리, 고객서비스 제공, HW/SW의 설치/조정/업그레이드, 시스템의 운영/모니터링/유지보수
기술문서 작성	프로젝트의 필요사항 분석, 연구/조사, 문서 설계, 문서 저작, 출판과 포장
웹 개발 및 관리	콘텐츠와 기술 분석, 애플리케이션/사이트 개발, 애플리케이션/사이트 설계, 애플리케이션 유지보수, 웹 환경 관리, 기업의 웹 관련 활동 관리

※ 출처: NWCET, Building a Foundation for Tomorrow: Skill Standards for Information Technology, 2002.

3. 영국(SFIA[71], 2008)

SFIA(Skills Framework for the Information Age) 협회[72]에서 개발한 IT 직무체계는 카테고리와 하위 카테고리를 통해서 두 단계로 IT 분야의 직무를 구분하고 있다. 기본적으로 IT인력에 대한 교육훈련을 목표로 하며 나아가 근로자 개개인의 경력관리에 활용되는 것을 목표로 고안되었다.

IT분야의 직무를 분류하고 직무의 수행수준 정도를 가늠할 수 있는 직무체계의 참조모델로 개발된 SFIAplus4(v4)[73]에서는 총 6개 카테고리에 20개의 하위 카테고리로 구성되어 있으며, 세부직무별로 IT관련 종사자가 수행하는 작업들에 대한 책임과 권한, 업무 스킬을 자세히 구분하기 위해 7단계로 수준을 세분화하여 제시하고 있다.

표 25. SFIA IT 직무체계의 구성

구 분	설 명
카테고리 및 하위 카테고리	스킬들을 편의를 위해 카테고리 및 하위 카테고리로 묶어 광범위한 일(work)의 범위를 묘사
스킬(Skill)	작업 공간 내에서의 인지할만한 IT 숙련 정도의 범위
스킬 자원 (Skill Resource)	스킬과 관련된 SFIAplus가 정의하는 8가지 상세 설명
코드(Code)	스킬을 구분해내기 위해 도움을 주는 코드
업무(Task)	레벨별로 스킬을 구분
업무 숙련도	업무를 설명하기 위해 SFIAplus가 정의하는 6가지의 추가 구성

※ 출처: scripts.bcs.org/sfiaplus/sfia.htm

71) www.sfia.org.uk
(Skills Framework for the Information Age, 영국 정보통신직무체계개발협회)

72) SFIA 협회는 2003년 7월에 e-skills UK, BCS(British Computer Society), IEE(Institute of Electrical Engineers), IMIS(Institute for the Management of Information Systems) 등 IT 관련 주요단체 4개 기관이 모여 만든 협회

73) scripts.bcs.org/sfiaplus/sfia.htm

SFIA의 직무수준은 업무를 수행함에 있어 수준에 따른 직무의 자율성, 영향력, 복잡성, 업무능력 등을 매우 구체적으로 명시하고 있어 조직 내 필요한 인력의 구체적 스킬과 수준은 물론, 조직원의 경력관리, 교육훈련 및 평가를 좀 더 효과적으로 수행할 수 있도록 해주고 있다.

SFIA는 성과(performance)와 수준을 연계한 체계이며 산업현장을 중심으로 한 프레임워크로써 절차 중심의 분류체계라는 특성을 갖는다. 즉, SFIA의 카테고리의 순서는 일종의 업무 절차가 반영된 것이라고 할 수 있다. 즉, 전략 및 계획 수립 직무의 경우 뒤이어 나오는 사업 변경, 솔루션 개발 및 구현 등의 선행 직무임을 감안하여 작성되어 있다.

영국 IT 직무체계의 세부사항은 다음과 같다.

표 26. 영국 IT 직무체계

카테고리	하위 카테고리	스킬	레벨
전략 및 아키텍처	정보 전략		
	어드바이스 및 가이드		
	사업/IT 전략 수립 및 계획		
	기술 전략 수립 및 계획		
사업 변화	사업 변화 구현		
	사업 변화 관리		
	관계 관리		
솔루션 개발 및 구현	시스템 개발		
	인적 요소		
	설치 및 통합		
서비스 관리	서비스 전략		
	서비스 설계		
	서비스 이전		
	서비스 운영		
조달 및 관리 지원	조달 관리		
	품질 관리		
	자원 관리		
	교육 및 개발		
고객 인터페이스	판매 및 마케팅		
	고객 지원		

※ 출처: scripts.bcs.org/sfiaplus/sfia.htm

제3절 국내 연구현황

정보보호인력의 직무체계에 대한 조사는 2007년 이전까지는 진행된 바가 없었던 것으로 파악된다. 다만, 2005년 정보통신연구진흥원(IITA, 現정보통신산업진흥원(NIPA))이 한국직업능력개발원에 위탁하여 개발한 정보통신인력 직무체계에 일부 포함된 정도이다.

표 27. 국내 연구현황

구 분	내 용
통계청, 한국표준직업분류	• 국제표준직업분류를 기초로 직업능력의 전문성과 기술수준을 중심으로 직업을 분류 • 컴퓨터 보안 전문가(2226)가 분류되어 있음
한국고용정보원, 한국고용직업분류	• 노동시장의 상황과 수요에 적합하도록 각종 직무를 분류한 것 • 중분류가 중심인 체계이므로 대분류는 사용자의 편의에 따라 명칭의 변경 등이 가능
한국노동연구원, 정보통신 직업분류	• 한국표준직업분류와의 연계성을 최대한 고려한 분류. 대분류는 한국표준직업분류의 틀을 그대로 따르고 있음 • 선진국의 직업분류 틀을 검토하여 반영 • 직무 유형과 직무 수준을 구분하여 직업을 분류
한국정보통신산업협회, 정보통신 직업분류	• 정보통신인력 실태조사를 위한 설문에 인용된 정보통신 인력 직업분류
한국직업능력개발원, 정보통신 직무분류	• 체계적으로 연구된 정보통신인력 직무체계 • 영국 SFIA의 분류체계를 기본틀로 하여 작성됨
한국정보보호산업협회, 정보보호인력의 직업분류	• 한국정보보호산업협회 소속의 정보보호기업을 대상으로 한 정보보호산업 실태조사에 인용된 정보보호인력 직업분류 • '기술' 중심적으로 분류되어 있어 실제 인력 현황을 파악하는데 한계가 있음

따라서, 본 절에서는 국내에서 이루어지고 있는 모든 직종에 대한 직업분류에서부터 정보통신 분야 직무체계까지 두루 살펴보고자 한다.

1. 한국표준직업분류(통계청, 2007년 제6차 개정)

한국표준직업분류는 생산적인 경제활동에 종사하는 개별 근로자들에 의하여 수행되는 일의 형태에 따라 분류된다. 한국표준직업분류는 국제노동기구(International Labor Organization, ILO)의 국제표준직업분류를 국내 실정에 적합하도록 수정·보완한 것으로써 시계열 자료 유지와 국제적 비교성 차원에서 매우 중요한 표준이라 할 수 있다.

표 28. 통계청의 한국표준직업분류

대분류	중분류 이하(광범위한 정보보호 관련)
1. 관리자	135 정보통신관련 관리자 1350 정보통신관련 관리자 13501 컴퓨터 하드웨어개발 관리자 13502 컴퓨터 소프트웨어개발 관리자 13503 컴퓨터 운영 관리자 13504 통신 관리자 13509 그 외 정보통신관련 관리자
2. 전문가 및 관련 종사자	221 컴퓨터 하드웨어 및 통신공학 전문가 222 정보시스템 개발 전문가 2221 컴퓨터시스템 설계 및 분석가 2222 시스템 소프트웨어 개발자 2223 응용 소프트웨어 개발자 2224 데이터베이스 개발자 2226 컴퓨터 보안 전문가 223 정보 시스템 운영자

※ 출처: www.nso.go.kr(통계청)

한국표준직업분류[74]는 국제표준직업분류를 기초로 직업능력의 전문성과 기술수준을 중심으로 직업을 분류하고 있다. 대분류는 직능수준(Skill Level)과 직능유형(Skill Specialization)을 동시에 고려하고 있으며, 중분류 이하는 우리나라 노동시장에 적합한 직능유형을 중심으로 분류하고 있다. 또한, 통계적인 목적을 중요시하기 때문에 제공되

74) www.nso.go.kr(통계청)

는 정보의 내용은 직업개요 및 직업예시로 구성된다.

1963년 제정된 한국표준직업분류의 미비점과 불합리를 보완하기 위해 1966년 개정작업을 시작으로 1970, 1974, 1992, 1998, 2000년에 걸쳐 개정되어 왔으며, 2007년 10월 제6차 개정안이 확정·고시되었다. 제6차 개정에서는 우리나라 노동시장의 추세와 고용자수를 감안하여 분류항목이 조정되었다. 최근 고용자수가 급격히 증가하고 있는 “전문가 및 관련 종사자”의 분류가 세분화되었으며 고용자 수가 점차 감소하고 있는데도 전통적으로 세세하게 분류되어 있던 “농림어업, 제조업, 건설업 분야의 현장 근로자”의 분류항목이 대폭 통합·축소되었다.

그 결과, 2000년부터 시행된 제5차 개정안에서조차도 반영되지 못했던 정보보호 전문인력에 대한 고려는 이번 제6차 개정안에 와서야 겨우 이루어졌다. 그 결과, 대분류 관리자(1) 및 전문가 및 관련 종사자(2) 부분에 정보통신 및 정보보호 관련 직업이 다수 포함되었다. 관리자(1)에서는 소분류 수준에서 정보통신관련 종사자(135)가 추가되었으며, 전문가 및 관련 종사자(2)에서는 소분류 수준에서 정보통신 전문가 및 기술직(22)이 포함되었다. 특히, 정보통신 전문가 및 기술직(22)은 컴퓨터 하드웨어 및 통신공학 전문가(221), 정보시스템 개발 전문가(222), 정보시스템 운영자(223) 등의 소분류로 구성되었다.

2. 한국고용직업분류(한국고용정보원[75]), 2007)

한국고용직업분류는 노동시장의 상황과 수요에 적합하도록 각종 직무를 분류한 것으로 직업정보를 제공하여 노동시장의 효율성을 제고시키는데 목적이 있다. 특히, 한국고용직업분류는 취업을 준비하는 구직자, 진로문제를 고민하는 학생, 종업원이 필요한 기업주, 이들을 연결해주는 상담원, 교육·훈련기관의 훈련지도자 등이 편리하게 활용할 수 있도록 분류되는 것이 특징이다.

한국고용직업분류는 중분류가 중심인 체계이므로 대분류는 사용자의 편의에 따라 명칭의 변경 등 다양한 선택이 가능하다. 7개 대분류로는 관리직(I), 경영재무직(II), 사회서비스직(III), 판매 및 개인서비스직(IV), 건설·생산직(V), 농림어업직(VI), 군인(VII) 등이다. 이 중, 건설·생산직의 중분류로써 정보통신 관련직(20)이 분류되어 있다. 정보통신 관련직은 크게 컴퓨터 및 통신공학기술자(201), 컴퓨터 및 정보통신시스템 관련직(202), 방송/통신장비 설치 및 수리원(203) 등 3개의 중분류로 구성되어 있다. 정보보호 분야에 대해서는 포괄적으로 정보통신 관련직(20)에 컴퓨터보안 전문가(2026)로 포함되어 있다.

75) www.keis.or.kr(한국고용정보원)

3. 정보통신직업분류(한국노동연구원, 2005)

한국노동연구원의 정보통신직업분류는 한국표준직업분류(KSOC)와의 연계성을 최대한 고려한 분류이다.

대분류는 한국표준직업분류의 틀을 그대로 따르고 있으며, 중분류를 정보통신인력의 직업분류로 하고 있다. 또한, 정보통신 분야의 직업분류의 현실 적합성을 높이기 위하여 기존의 분류체계와는 달리 선진국의 직업분류 틀을 검토하여 반영하였다. 이를 토대로 우리나라 정보통신산업의 특성이 반영되도록 직무 유형(Skill Type)과 직무 수준(Skill Level)을 구분하여 직업을 분류하였다.

표 29. 한국노동연구원의 IT 직업분류

대분류	중분류
A. 관리직	AA 고위관리자
	A1 공학, 정보시스템 관련 관리직
	A2 사업 및 사무 관련 관리직
	A3 판매 및 서비스 관련 관리직
	A4 정보통신장비 제조 관련 관리자
1. 컴퓨터, 정보시스템 관련 직업	11 컴퓨터 및 정보시스템 관련 기술자
	12 컴퓨터 프로그래머 및 관련 기술공
2. 통신, 전자공학 관련 직업	21 통신, 전자공학 관련 기술자
	22 통신, 전자공학 관련 기술공
3. 예술, 문화 관련 직업	31 문화, 예술 관련 전문직
	32 문화, 예술 관련직
4. 사업, 사무 관련 직업	41 정보기술 사업 관련 전문직
	42 정보통신 관련 사무직
5. 판매 관련 직업	51 정보통신 관련 기술영업직
	52 정보통신 관련 판매직
6. 설치, 수리 관련 직업	61 정보통신장비 설치, 수리원
	62 통신장비 가설, 유지보수원
7. 제조, 생산 관련 직업	71 정보통신장비 제조 관련 생산반장
	72 정보통신장비 제조 관련 조작, 조립원

※ 출처 : www.keis.or.kr(한국고용정보원)

4. 정보통신 직무분류(한국정보통신산업협회, 2006)

한국정보통신산업협회(KAIT)의 정보통신인력 실태조사를 위한 설문에 포함된 정보통신인력 직업분류이다. 2002년도 조사에서는 정보통신인력의 직무를 연구소, 상품개발, 전산직, 기타로 분류하였으며, 2006년도 조사부터는 연구기술직, 사무직, 생산직으로 분류하고 있다.

표 30. 한국정보통신산업협회의 정보통신산업 고용동향 조사

직종	직무
연구소	
상품개발	
전산직	CIO, 전산기획, 프로그램 개발(자체개발, 외주관리 및 추진), 운영(OS 운영, DB 운영), 기타(컨설팅, 감리, 보안)
기타	

※ 출처: 정보통신부, 한국정보통신산업협회, 2002년 정보통신산업 고용동향조사, 2002.

표 31. 한국정보통신산업협회의 정보통신 부문 인력동향 실태조사

직종	직무
연구기술직	SI 개발/설계, SW 개발/설계, 디지털 컨텐츠, 시스템 운영/관리, 통신/방송 서비스, HW 개발/설계, HW 유지 관련, IT 관련 교육, IT 기술 영업
사무직	
생산직	

※ 출처 : 정보통신부, 한국정보통신산업협회, 2006년 정보통신부문인력동향보고서, 2006.

5. 정보통신 직무분류(한국직업능력개발원, 2005)

가장 체계적이고 상세한 정보통신인력에 대한 직무체계이다.

표 32. 한국직업능력개발원의 IT인력 직무분류

직무군		직무 (skill)
대분류	중분류	
A.전략 및 기획	기획	전략 및 계획수립
	컨설팅	IT컨설팅, BT컨설팅, 솔루션 컨설팅(제품)
	감리	SI감리
B.관리 운영	프로젝트 관리 및 지원	프로젝트 관리, 품질관리(보증)
C.영업 및 마케팅	영업 및 마케팅	SI영업, 솔루션 영업(SW), 시스템 영업, 마케팅 메니지먼트
D.SW 개발 및 구현	시스템 개발	시스템SW 패키지, 패키지 SW, 응용SW, 통신SW 개발/구현, 임베디드SW, DB
	웹 및 콘텐츠 개발/구현	웹 개발, 게임 애니메이션, 모바일 콘텐츠, 웹 디자인
E.HW 설계/개발 및 구축	전자 회로 설계 및 구현	디지털 회로 설계/개발 등 5개
	반도체/전자 부품소자 설계/개발/생산	반도체 소자 설계/개발, 디스플레이소자 설계/개발, 광전소자 설계 개발 등 10개
	통신 시스템 설계/개발 및 구축	방송통신망 설계/개발 등 8개
	HW 설계/개발 및 구축	메인장치 설계/개발, 주변장치 설계/개발

한국직업능력개발원의 정보통신 분야 직무체계는 기본적으로 영국 SFIA의 분류체계를 기본틀로 하여 작성되었다. 그러나, 아직까지도 IT인력에 대한 수급현황조사에서도 이 틀은 사용되지 않고 있다.

6. 정보보호인력의 직업분류(한국정보보호산업협회, 2008)

2008년까지 한국정보보호진흥원이 정보보호업체를 대상으로 한 '정보보호산업 통계조사'에서 사용된 정보보호인력 현황 조사표에서는 정보보호인력의 직업을 정보보호 연구 및 개발직, 정보보호 관리직, 정보보호 영업직 및 기타 정보보호 관련직 등 크게 3개로 분류하고 있다.

표 33. 한국정보보호산업협회의 정보보호인력의 직업분류

대분류	중분류	직종
정보보호연구 및 개발직	암호 및 인증기술	관련 연구소 및 산업체의 연구원
	시스템 및 네트워크 기술	컴퓨터시스템 분석 및 설계 전문가, 네트워크 분석 및 설계 전문가
	응용기술 및 서비스	컴퓨터 바이러스 치료사
정보보호 관리직	정보시스템 관리	데이터 베이스 관리자(DB 운영), OS 운영자, 리눅스 전문가, 전산관리 전문가, 시스템 엔지니어, CIO/CSO/CISO
	정보보호 컨설팅	정보보호 컨설턴트
정보보호 영업직 및 기타 정보보호 관련직	정보보호 마케팅	정보보호제품 마케팅, 국내외 판로 확보
	정보시스템 감리 및 인증	정보시스템 감사사
	정보보호 교육	대학교수, 직업교육관련 전문가
	기타	물리적인 보안 종사자 및 내부 관리인력

※ 출처: 한국정보보호진흥원, 2006 국내 정보보호산업 통계조사, 2006.

그러나, 이를 '직업'이라 표현하기도 하고 '직종'이라고 표현하기도 하고 '업무'라고 표현하기도 하는 등 명확한 명칭이나 기준없이 분류하여 이용하고 있다. 또한, 현실적으로 이 분류는 정보보호인력에 대한 현황조사를 위한 것이긴 하나 체계적이지 못하며 '기술' 중심적으로 분류되어 있어 실제 인력 현황을 파악하는데 한계가 있는 것으로 지적되고 있다.

제4절 정보보호인력 직무체계

1. 정보보호 분야 직무체계 개발의 목적

정보보호의 중요성이 날로 강조되고는 있지만 실질적으로 정보보호 관련 업무를 전담하여 수행하는 '정보보호 전문인력'에 대한 인식은 매우 낮다. 정보통신부는 정보화촉진기본법(법률 제8031호)[76] 제2조에서 "정보보호라 함은 정보의 수집・가공・저장・검색・송신・수신 중에 정보의 훼손・변조・유출 등을 방지하기 위한 관리적・기술적 수단 즉 정보보호시스템을 강구하는 것"이라고 정의하고 있다. 이렇듯 강조되는 '정보보호'의 확보를 위해서는 전문성을 가지고 개인과 기업의 핵심자산인 '정보'를 보호하는 직무를 전담하는 정보보호 전문인력의 육성 및 관리가 필요함에도 불구하고 실질적으로는 이에 대한 관리체계가 부재한 실정이다.

앞서 살펴봤듯이 직무체계는 노동시장의 흐름과 직접적으로 연결되는데 특히 고용, 자격, 훈련 등과의 관련성이 높다. 따라서 직무체계가 개발되면, 정보보호 분야 인력 수급의 효율성을 향상시킬 수 있을 것으로 기대된다. 직무체계의 개발은 인력수급 전망의 단위를 현재보다 세분화하여 현재 정보보호 분야 노동시장의 현황 파악과 신성장동력 등과 관련된 미래시장을 위한 인력수급 및 교육훈련 정책의 방향성을 구체적으로 제시할 가이드라인으로서의 역할을 하기 때문이다. 즉, 정보보호인력에 대한 체계적인 조사는 산업현장의 수요를 정확히 파악하고 그 수요에 맞춰 인력을 맞춤형으로 공급할 수 있는 원체인(one-chain) 인력공급시스템을 개발할 수 있는 기반을 확보할 수 있게 된다.

또한, 정보보호 분야의 직무를 체계적으로 정리하여 제시함으로써 인력공급기관은 산업체의 수요를 간접적으로나마 파악할 수 있다. 이

76) 법제처, 정보화촉진기본법(법률 제8031호), 2006.

를 통해 산업체는 체계적인 인력훈련 계획의 수립이 가능하며, 교육·훈련 기관은 현장 수요에 기초한 교육훈련과정의 개발이 가능하다. 자격 및 인력수급 체계 정립을 위한 인프라 정비의 핵심 요소인 직무체계는 다음과 같이 매우 다방면으로 활용될 수 있다.

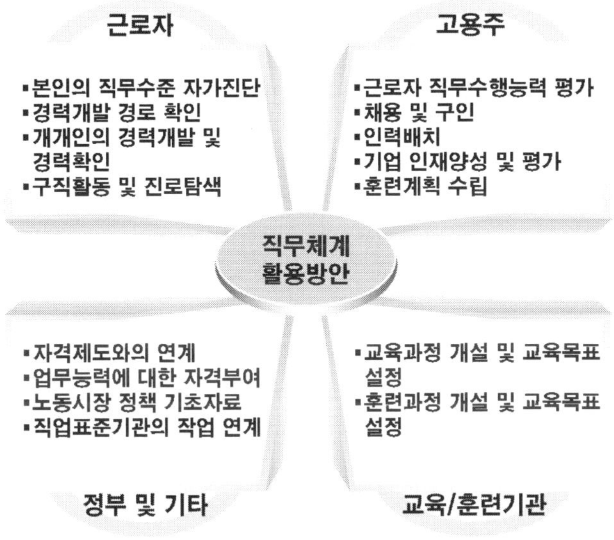

※ 출처: 한국직업능력개발원, IT Skill 체계 개발 연구, 2005.

그림 11. 직무체계의 활용방안

첫째로, 각종 조사 및 인력수급을 위한 기초 자료로 활용 가능하다. 직무체계는 직무 중심의 분류와 함께 직무에 대한 정의 및 수준 등이 제시되므로, 체계적 틀에 의한 직무조사가 가능하기 때문이다. 둘째로, 교육·훈련과정의 참조자료로 활용 가능하다. 개설하고자 하는 교육·훈련 분야의 목적·수준·훈련내용을 해당하는 직무 유형에서 찾아서 참조 가능하기 때문이다. 셋째로, 고용주에게는 신규인력 채용 및 기존인력 재배치를 위한 기본골격이 된다. 직무체계는 직무유형별 정의, 지식, 도구, 주요활동 등을 명세화하기 때문에 고용주와의 의사소통에 도움이 되기 때문이다. 넷째로 근로자에게는 개개인의 경력개발, 구직, 진로탐색 등을 위한 기초자료로 활용 가능하다. 구직활동 및 진로에 반영 가능하고 직무유형별 표준화된 경력개발 경로 파악이 가능하기 때문이다.

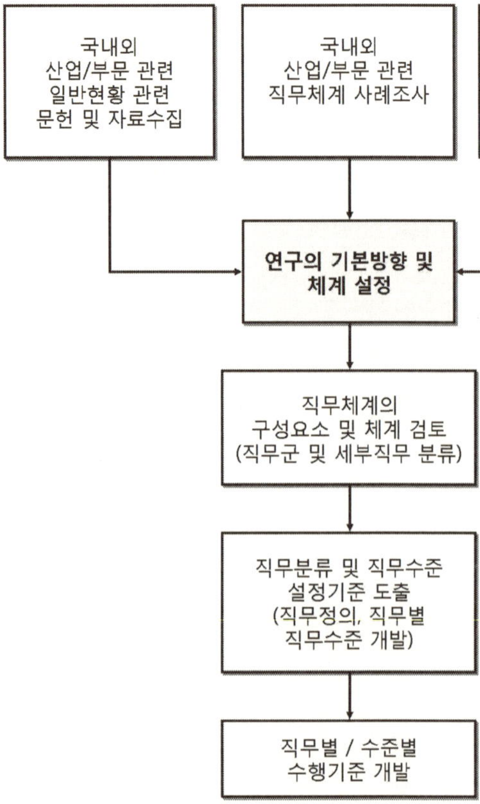

그림 12. 일반적인 직무체계 개발 프로세스

2. 정보보호 분야 직무체계 개발 프로세스

직무체계는 직무군과 군별 세부직무로 크게 구분되며 세부직무별로 상세한 직무명세를 정의하게 된다. 아울러, 각 세부직무별로 수행에 필요한 직무수준(단계)를 정의하게 된다. 따라서, 직무체계의 개발은 크게 해당 산업(직종)의 직무를 구분하고 직무명세를 작성하는 것과 각 직무별로 직무수준을 정의하는 작업으로 구성된다.

정보보호 분야 직무체계 개발은 다음과 같은 프로세스에 의해 개발되었다.

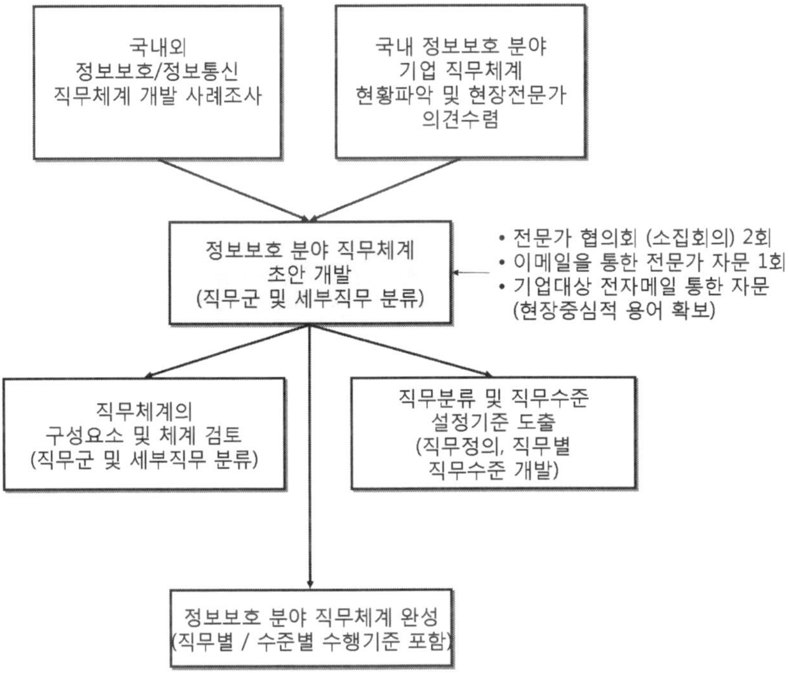

그림 13. 정보보호 분야 직무체계 개발 프로세스

가. 단계 1: 문헌조사 및 현장 전문가 의견수렴

직무체계의 개발을 위해 우선 국내외의 정보보호 분야(정보통신 분야 포함)의 직무 및 분류체계와 관련된 문헌을 분석하였다. 다음으로는 보다 현장감있는 직무체계 개발을 위해 정보보호 분야 전문기업이 자체적으로 개발하여 운영하고 있는 직무체계 자료를 확보하여 분석하였다. 국내외 문헌분석과 전문업체 직무체계 분석이 끝나면 이를 바탕으로 정보보호 분야의 직무체계 개발 기본방향을 설정하고 정보보호 분야 직무체계 초안을 개발하여 전문가 협의회의 자문을 거쳐 수정·보완하였다. 전문가 협의회는 정보보호 분야의 정책 및 인력 전문가와 현장 종사자로 구성하여 2차례의 소집회의의 형태로 자유스러운 토론회의를 통해 진행하였다. 이메일을 통한 전문가 자문은 자문회의 결과를 반영한 정보보호 분야 직무체계(안)에 대한 전문가들의 최종의견을 묻는 형태로 진행하였다.

일반적으로, 정보보호 분야의 직무체계는 다음의 조건을 만족시키는 것을 원칙으로 개발되었다.

- 산업 또는 기술 분류가 아닌 직무의 직능유형에 기초한 분류여야 한다.
- 기술특성에 의존하는 정보보호 직업의 특수성을 반영하여 현실 적합성을 높여야 한다(기술특성은 직무분류의 제2 분류원칙으로 활용).
- 정보보호 분야가 시간에 따른 변화가 매우 크다는데 어려움이 있으므로, 주기적인 직업분류를 수행하되 분류의 효율성을 높이기 위하여 부분적인 변화를 신속히 반영할 수 있도록 분류 틀을 구성해야 한다.
- 정보보호인력의 전체 산업 내에서의 역할에 대해 정의하기 위해 필히 한국표준직업분류(KSCO)와의 연계를 고려해야 한다. 한국표준직업분류에서 사용하고 있는 직업분류 용어를 최대한 활용하도록 한다.

나. 단계 2: 직무체계의 구성요소 및 체계 검토

직무체계(안)이 마련되면 협의회 구성원 이외의 정보보호 분야의 전문가를 대상으로 의견수렴을 위한 공청회, 워크샵, 전자메일을 통한 조사 등을 실시하게 되는데 본 연구에서는 공개적인 공청회 등은 진행하지 않았으며, 전자메일을 통한 지속적인 전문가 의견수렴만 진행하였다.

이 때, 주요 검토사항은 정보보호 분야 직무체계(안)가 제시하고 있는 직무명과 상세직무별 설명이 현장에서 실제 사용되고 있는 용어로 설명되었는지, 실제 직무수행 순서와 어느 정도 일치하는지, 실제 직무 내용과 종류가 모두 반영되었는지 등 실질적인 직무내용과 직무순서 등이다. 수차례의 기업 대상의 전자메일을 통한 의견수렴을 통해 용어와 직무순서를 현장 중심적으로 수정하였다.

다. 단계 3: 직무별/수준별 수행기준 개발

정보보호 분야 직무체계가 어느 정도 확정되면 직무별로 직무수행기준을 개발한다. 원칙적으로 직무수준의 개발 또한 전문가들과 현장근로자들의 전문적인 지식과 실제 현장에서의 다년간의 경험을 바탕으로 개발되어야 하므로 아주 오랜 기간의 회의와 협의를 통해 개발되는 것이 원칙이며, 가장 좋은 방법은 현장 근로자들과의 장기간에 걸친 심층인터뷰이다.

그러나, 정보보호 분야 직무체계의 경우 연구예산과 연구기간의 부족으로 국내외 직무체계 문헌연구 결과와 전문업체 직무체계 분석 결과를 토대로 하여 개발되었다[77].

또한, 직무수준은 전문인력의 경력년수와 학력을 기준으로 구분하

77) 정보보호 분야 직무 수행기준의 내용은 한국직업능력개발원의 「IT Skill 체계 개발 연구」의 4가지 직무수준 정의에 해당하는 자율성, 영향력, 복잡도, 업무능력을 반영하여 직무수준의 방향을 정하였으며, 이를 기반으로 정보보호 직무체계에 적합한 형태의 직무수준 내용이 7단계에 걸쳐 개발되었다.

였다. 경력년수는 정보보호·정보통신 및 관련 전공의 전문대졸을 기준으로 학사, 석사, 박사 학위자의 경우 각각 2년, 4년, 7년 경력을 추가로 인정하는 것으로 정하였다. 또한 전체적인 흐름은 정보통신기술자의 전공학과의 범위 및 경력인정방법[78]에 따라 IT전문인력의 기술수준 및 경력년수 구분을 채택하였다. 이때, 경력년수는 정보보호와 직·간접적으로 관련된 IT분야에서의 경력을 모두 포함한다.

수행기준[79]은 직무체계의 각 세부직무별 특성과 전문성을 반영한 수행 기준서로서 수요 지향적인 교육훈련 과정 및 경력 경로 개발을 위해 세부직무별 직무수준을 명세화한 것이다. 따라서, 정보보호 분야 직무 수행기준은 직무체계와 맞물려 그에 대한 명확한 정의가 선행된 후에 개발된다. 기본적으로 직무수준은 각 세부 직무별로 그 수준의 단계를 달리하여 표현되며, 이것은 각 세부 직무의 각기 다른 특성과 수행 내역을 반영하여 표현되기 때문이다.

78) 정보통신부, 정보통신기술자의 전공학과의 범위 및 경력인정방법(정보통신부고시 제2005-42호), 2005.

79) 직무체계(Skills Framework)는 산업현장의 직무에 근거하여 직무분류 및 직무수준을 설정하고 직무수준별 수행기준을 제시하는 것(출처: 한국직업능력개발원, IT Skill 체계 개발 연구, 2005)

표 34. 정보보호 분야 직무수준의 기본 방향

직무수준	수행 특성	경력년수	기술수준
7	• 정보보호의 구현·유지를 위한 최종 의사결정 • 조직내 정보보호정책 수립·운영	15년 이상	고급
6	• 정보보호 컨설팅 및 솔루션/시스템 개발 프로젝트 총괄 기획·관리(중간관리, 준영업) • 정보보호 위협요소 및 보안사고 대응전략 수립	12~15년	
5	• 정보보호 컨설팅 및 솔루션/시스템 개발 프로젝트 참여 및 독자 수행(대규모 프로젝트 리더) • 정보보호 위협요소 및 보안사고 대응전략 수립 및 구현	9~12년	
4	• 정보보호 컨설팅 및 솔루션/시스템 개발 프로젝트 참여, 모듈별 단독 수행 (소규모 프로젝트 리더) • 정보보호 위협요소 및 보안사고 통제·관리	7~9년	중급
3	• 정보보호 컨설팅 및 솔루션/시스템 개발 프로젝트 참여, 업무지시에 대한 과업의 일부분 수행 • 정보보호 위협요소 모니터링 결과 분석 및 레포팅	5~7년	
2	• 정보보호 시스템 및 솔루션 개발 프로젝트 참여, 보조역할 • 정보보호 위협요소 단순 모니터링	3~5년	초급
1	• 공인교육기관에서 교육이수, OJT 실시	3년 미만	

주) 1. 경력년수는 정보보호/정보통신 및 관련 전공의 전문대졸을 기준으로 하며, 학사 2년, 석사 4년, 박사 7년 추가 인정

2. 전체적인 흐름은 IT전문인력의 기술수준 및 경력년수 구분을 채택한 것임.

참고) 정보통신부, 정보통신기술자의 전공학과의 범위 및 경력인정방법(정보통신부고시 제2005-42호), 2005.

3. 경력년수는 정보보호와 직·간접적으로 관련된 IT분야에서의 경력을 모두 포함

4. 직무수준별 정의는 (업무처리의)자율성, (조직 내 의사결정에의)영향력, (수행직무유형의) 복잡도, (경력, 학력 수준에 따른)업무수행능력 등을 기준으로 정의

3. 정보보호 분야 직무체계 개발 결과

정보보호 분야의 직무체계는 '직무 유형(Skill Type)'을 기준으로 우선 분류되었다. 직무 유형을 기준으로 구분한 후에 '직무 수준(Skill Level)'이 고려되었다. 또한, 가급적 실질적으로 산업체에서 사용되는 용어를 중심으로 직무를 분류하고자 하였으며, 현재 정보보호 분야의 최근 이슈 및 최근 기술현황도 가까운 미래에 실현될 직무로써 반영하고자 노력하였으며, 각 직무군 및 세부직무는 최대한 배타적으로 설계하려고 노력하였다.

표 35. 정보보호 분야 직무체계: 직무군과 세부직무

직무군	직 무
전략 및 기획	위험 분석
	정보보호 정책 및 계획 수립
	개인 정보보호 관리
마케팅 및 영업	마케팅 매니지먼트
	기술 영업
연구개발 및 구현	연구개발
	구현
교육 및 훈련	일반인 및 사용자 교육
	전문가 교육
관리 및 운영	프로젝트 관리
	정보인프라 보안관리
	물리적보안
사고 대응	모니터링 및 대응
	디지털 포렌식
	업무 지속성 관리
평가 및 인증	평가인증 및 품질보증
	정보시스템 보안감사

정보보호 분야의 직무분류 및 각 직무의 정의는 다음과 같이 크게 7개의 직무군과 17개의 세부직무로 구성하였다. 대분류는 전략 및 기

획, 마케팅 및 영업, 연구개발 및 구현, 교육 및 훈련, 관리 및 운영, 사고 대응, 평가 및 인증 등 7개이다. 직무군별 상세직무와 상세직무별 정의는 다음과 같다.

상세 직무별 직무수준의 기준은 다음과 같다.

표 36. 정보보호 분야 직무별 수준범위

직무군	직 무	직무수준						
		초급		중급		고급		
		1	2	3	4	5	6	7
1. 전략 및 기획	위험 분석					■	■	■
	정보보호 정책 및 계획 수립					■	■	■
	개인 정보보호 관리					■	■	■
2. 마케팅 및 영업	마케팅 매니지먼트						■	■
	기술 영업		■	■	■	■	■	
3. 개발 및 구현	연구개발		■	■	■	■	■	■
	구현	■	■	■	■	■		
4. 교육 및 훈련	일반인 및 사용자 교육		■	■	■	■		
	전문가 교육			■	■	■	■	
5. 관리 및 운영	프로젝트 관리				■	■	■	■
	정보인프라 보안관리			■	■	■	■	
	물리적 보안	■	■	■	■			
6. 사고 대응	모니터링 및 대응	■	■	■	■	■		
	디지털 포렌식			■	■	■	■	
	업무 지속성 관리					■	■	■
7. 평가 및 인증	평가인증 및 품질보증			■	■	■	■	
	정보시스템 보안감사					■	■	■

가. 전략 및 기획

전략 및 기획 직무군의 세부직무는 위험 분석, 정보보호 정책 및 계획 수립, 개인 정보보호 관리 등 3개이다.

각각의 직무명세는 다음과 같다.

- 위험 분석: 정보자산에 피해를 끼칠 수 있는 보안 위협을 확인하고, 정보자산의 취약성에 따라 발생할 수 있는 위험의 정도와 피해의 규모를 평가하고, 이를 감소시킬 수 있는 통제 방법을 도출하는 직무이다.
- 정보보호 정책 및 계획 수립: 정보보호 정책을 수립하고, 정보보호 정책을 구현하기 위한 방법을 상세화하는 직무이다.
- 개인 정보보호 관리: 개인 프라이버시 보호를 위한 정책 개발 및 구현을 책임지며, 개인정보보호 관련 법/제도의 준수를 위한 업무를 수행하는 직무이다.

위의 3개 세부 직무별 수준범위에 해당하는 직무 수행기준을 살펴보면 다음과 같다.

표 37. 전략 및 기획 직무군: 위험 분석 직무

세부직무	위험 분석		
직무정의	정보자산에 피해를 끼칠 수 있는 보안 위협을 확인하고, 정보자산의 취약성에 따라 발생할 수 있는 위험의 정도와 피해의 규모를 평가하고, 이를 감소시킬 수 있는 통제 방법을 도출하는 직무이다.		
직무수준	수행 특성	경력 년수	기술수준
7	보안 위협 요인 및 정보자산의 가치 평가에 대한 전문적인 지식을 바탕으로 위험을 예방하고 피해 규모를 최소화할 수 있는 방안을 제시한다.	15년 이상	고급
6	보안 위협 요인 및 정보자산의 가치 평가에 대한 전문적인 지식을 바탕으로 위험의 정도에 따른 예상 피해 규모를 도출하고 적용 가능한 통제 방안을 수립한다.	12~15년	
5	보안 위협 요인 및 정보자산의 가치 평가에 대한 전문적인 지식을 바탕으로 위험의 정도에 따른 예상 피해 규모를 분석 및 체계화하여 피해 규모를 최소화할 수 있는 모든 가능한 대안을 작성한다.	9~12년	
4	-	7~9년	중급
3	-	5~7년	
2	-	3~5년	초급
1	-	3년 미만	

표 38. 전략 및 기획 직무군: 정보보호 정책 및 계획 수립 직무

세부직무	정보보호 정책 및 계획 수립		
직무정의	정보보호 정책을 수립하고, 정보보호 정책을 구현하기 위한 방법을 상세화하는 직무이다.		
직무수준	수행 특성	경력 년수	기술수준
7	정보보호 분야에 대한 심층적인 지식과 업무 능력을 바탕으로 계획 수립 및 구현을 위한 방향과 업무 지침을 제시하고, 정책 및 계획 수립에 대한 최종 결정을 한다.	15년 이상	고급
6	정보보호 분야에 대한 심층적인 지식과 업무 능력을 바탕으로 계획 수립 및 구현을 위한 세부적인 방법을 이해하고, 관련 정보를 분석 및 체계화하여 최종 정책 및 계획 수립 안을 작성한다.	12~15년	
5	정보보호 분야에 대한 심층적인 지식과 업무 능력을 바탕으로 계획 수립 및 구현을 위한 세부적인 방법을 이해하고, 관련 정보를 입수, 조사, 검토하여 최종 정책 및 계획 수립을 위한 가능한 대안을 작성한다.	9~12년	
4	-	7~9년	중급
3	-	5~7년	
2	-	3~5년	초급
1	-	3년 미만	

표 39. 전략 및 기획 직무군: 개인 정보보호 관리 직무

세부직무	개인 정보보호 관리		
직무정의	개인 프라이버시 보호를 위한 정책 개발 및 구현을 책임지며, 개인정보보호 관련 법/제도의 준수를 위한 업무를 수행하는 직무이다.		
직무수준	수행 특성	경력 년수	기술수준
7	정보보호 관련 법률에 대한 전문적인 지식을 바탕으로 개인 프라이버시 보호를 위한 정책의 방향과 지침을 제시하고 정책 및 계획의 수립에 대하여 최종 결정을 한다.	15년 이상	고급
6	정보보호 관련 법률에 대한 전문적인 지식을 바탕으로 개인 프라이버시 보호를 위한 정책의 방향과 지침을 이해하고 정책 및 계획의 수립과 관련된 정보를 분석 및 체계화하여 최종 정책 및 계획 수립 안을 작성한다.	12~15년	
5	정보보호 관련 법률에 대한 전문적인 지식을 바탕으로 개인 프라이버시 보호를 위한 정책의 방향과 지침을 이해하고 정책 및 계획의 수립과 관련된 정보를 입수, 조사, 검토하여 최종 정책 및 계획수립을 위한 모든 가능한 대안을 작성한다.	9~12년	

직무수준	수행 특성	경력 년수	기술수준
4	-	7~9년	중급
3	-	5~7년	
2	-	3~5년	초급
1	-	3년 미만	

나. 마케팅 및 영업

마케팅 및 영업 직무군의 세부직무는 마케팅 매니지먼트, 기술 영업 등 2개이다.

각각의 직무명세는 다음과 같다.

- 마케팅 매니지먼트: 정보보호 시장분석을 통해 신규 시장/고객을 발굴하고, 고객에 맞는 제품(서비스, 시스템, 솔루션)을 기획하는 직무이다.
- 기술 영업: 영업활동을 통해 잠재고객을 발굴·관리하고, 제안서를 작성·발표하거나 BMT 및 입찰 등에 참여하며, 고객의 요구를 분석하여 최적의 정보보호 시스템 및 솔루션을 제시함으로써, 해당 프로젝트를 수주·계약하며, 사후관리까지를 수행하는 직무이다.

위의 2개 세부 직무별 수준범위에 해당하는 직무 수행기준을 살펴보면 다음과 같다.

표 40. 마케팅 및 영업 직무군: 마케팅 매니지먼트 직무

세부직무	마케팅 매니지먼트		
직무정의	정보보호 시장분석을 통해 신규 시장/고객을 발굴하고, 고객에 맞는 제품(서비스, 시스템, 솔루션)을 기획하는 직무이다.		
직무수준	수행 특성	경력 년수	기술수준
7	마케팅관리의 총괄책임자로서 정보보호 제품과 시장에서의 마케팅 매니지먼트에 관한 총괄업무를 수행하며, 전반적인 통찰력과 전략적인 의사판단을 기반으로 마케팅관리를 수행한다.	15년 이상	고급

직무수준	수행 특성	경력 년수	기술수준
6	마케팅관리의 단위 책임자로서 정보보호 제품과 중소규모 시장에서의 마케팅 매니지먼트에 관한 책임을 가지고 전반적인 마케팅 관리를 수행한다.	12~15년	고급
5	-	9~12년	
4	-	7~9년	중급
3	-	5~7년	
2	-	3~5년	초급
1	-	3년 미만	

표 41. 마케팅 및 영업 직무군: 기술영업 직무

세부직무	기술영업		
직무정의	영업활동을 통해 잠재고객을 발굴·관리하고, 제안서를 작성·발표하거나 BMT 및 입찰 등에 참여하며, 고객의 요구를 분석하여 최적의 정보보호 시스템 및 솔루션을 제시함으로써, 해당 프로젝트를 수주·계약하며, 사후관리까지를 수행하는 직무이다.		
직무수준	**수행 특성**	**경력 년수**	**기술수준**
7	-	15년 이상	고급
6	기술영업에 관한 전문적인 지식과 경험을 바탕으로 기술영업에 관한 총괄적인 책임을 지며 기술영업의 중장기계획에 대한 방향을 설정하고 계획수립과 이의 시행에 대한 중요한 사항에 대하여 최종의사결정을 수행한다.	12~15년	
5	기술영업에 관한 전문적인 지식과 경험을 바탕으로 기술영업에 관한 관리, 감독을 하며 중장기계획에 대한 방향과 지침을 이해하고 중장기계획의 수립과 시행에 대한 최적안을 작성한다.	9~12년	
4	기술영업에 관한 지식과 경험을 바탕으로 기술영업을 시행, 관리하며 기술영업의 계획과 시행을 위한 정보를 입수, 분석하고, 이를 토대로 기술영업 계획수립을 위한 초안을 작성한다.	7~9년	중급
3	기술영업에 관한 지식과 경험을 바탕으로 정보보호 시스템 영업을 수행하며 기술영업의 계획과 시행을 위한 정보를 입수하고 기술영업계획수립을 지원한다.	5~7년	
2	기술영업에 관한 지식을 바탕으로 단순 정보보호 시스템 및 솔루션 영업을 수행한다.	3~5년	초급
1	-	3년 미만	

다. 연구개발 및 구현

연구개발 및 구현 직무군의 세부직무는 연구개발, 구현 등 2개이다.

각각의 직무명세는 다음과 같다.

- 연구개발: 정보보호 시스템 및 솔루션의 연구개발 및 설계를 수행하는 직무로써, 암호 및 인증, 네트워크 보안, 서비스 보안 등의 세부 분야에서 기술을 개발하고, 정보보호 표준화를 담당하며, 정보보호 시스템 및 솔루션을 설계 및 개발하는 업무를 수행한다.
- 구현: 개발된 정보보호 시스템 및 솔루션의 커스터마이즈 및 기술지원을 수행하며, 포괄적으로 시스템을 고객에게 이전하여 설치/구현하는 업무를 수행하면서 정보보호시스템의 안정적인 운영을 지원하는 직무이다.

위의 2개 세부 직무별 수준범위에 해당하는 직무 수행기준을 살펴보면 다음과 같다.

표 42. 연구개발 및 구현 직무군: 연구개발 직무

세부직무	연구개발		
직무정의	정보보호 시스템 및 솔루션의 연구개발 및 설계를 수행하는 직무로서, 암호 및 인증, 네트워크 보안, 서비스 보안 등의 세부 분야에서 기술을 개발하고 정보보호 표준화를 담당하며, 정보보호 시스템 및 솔루션을 설계 및 개발하는 업무를 수행한다.		
직무수준	수행 특성	경력 년수	기술수준
7	정보보호 시스템 및 솔루션의 개발 및 설계를 총괄하고, 정보보안 요구에 맞는 적합한 수준의 설계안에 대해 최종 의사결정을 한다.	15년 이상	고급
6	정보보안 요구에 맞는 적합한 수준의 정보보호 시스템 및 솔루션 설계안을 제시하고, 실질적인 구축에 필요한 각 단계의 기술, 설계, 구축, 운영에 관한 지도를 수행한다.	12~15년	
5	효과적인 정보보호 시스템 및 솔루션의 개발과 구현을 위해 적합한 형태의 보안 수준 및 기술을 제시하며 구축작업을 지시 및 총괄하는 업무를 수행한다.	9~12년	고급

직무수준	수행 특성	경력 년수	기술수준
4	효과적인 정보보호 시스템 및 솔루션의 개발과 구현을 위해 적합한 형태의 보안 수준 및 기술을 제시하며 구축작업을 지시하는 업무를 수행한다.	7~9년	중급
3	네트워크 보안 및 암호화 기술 등 세부 분야에서 요구되는 기술을 습득하고 정보보호 시스템의 설계 및 보안설정 등의 실질적인 구축과 관리를 수행한다.	5~7년	
2	네트워크 보안 및 암호화 기술에 대한 이해를 바탕으로 정보보호 시스템의 설계 및 보안설정 등의 실질적인 구축을 수행한다.	3~5년	초급
1	-	3년 미만	

표 43. 연구개발 및 구현 직무군: 구현 직무

세부직무	구현		
직무정의	개발된 정보보호 시스템 및 솔루션의 커스터마이즈 및 기술지원을 수행하며, 포괄적으로 시스템을 고객에게 이전하여 설치/구현하는 업무를 수행하면서 정보보호 시스템의 안정적인 운영을 지원하는 직무이다.		
직무수준	수행 특성	경력 년수	기술수준
7	-	15년 이상	고급
6	-	12~15년	
5	개발된 정보보호 시스템 및 솔루션의 운영, 유지를 위한 계획을 수립하고 시스템의 안정적인 운영을 위해 필요한 오류점검, 수정보완 및 성능 개선 등에 대한 기술지원을 병행하여 효율적인 시스템 운영 방안을 수립한다.	9~12년	
4	개발된 정보보호 시스템 및 솔루션의 안정적인 운영, 유지를 위한 방안을 검토하고, 이에 적합한 형태의 기술지원을 지도한다.	7~9년	중급
3	개발된 정보보호 시스템 및 솔루션을 이해하고, 고객에게 이전하여 설치/구현될 시스템의 최적 상태 및 안정적 운영을 유지하는 업무를 수행한다.	5~7년	
2	개발된 정보보호 시스템 및 솔루션을 이해하고, 최적화된 시스템을 고객에게 이전하여 설치/구현하는 업무를 수행한다.	3~5년	초급
1	개발된 정보보호 시스템 및 솔루션의 기본환경을 이해하고, 기술지원을 위한 실무보조 업무를 수행한다.	3년 미만	

라. 교육 및 훈련

교육 및 훈련 직무군의 세부직무는 일반인 및 사용자 교육, 전문가 교육 등 2개이다.

각각의 직무명세는 다음과 같다.

- 일반인 및 사용자 교육: 정보보호에 대한 사용자의 인식교육은 물론 설치·이전된 정보보호 솔루션 및 시스템에 대한 사용자 교육, 기초기술교육 등 실무 중심적이나 기술적으로 난이도가 높지 않은 기초교육을 실시하는 직무이다.
- 전문가 교육 : 정보보호 솔루션 및 시스템 개발과 관련한 개발자 교육, 전문 사용자 교육, 전문 보안기술교육 등 정보보호 기술 분야별 전문교육을 정규 및 민간 교육기관, 조직자체의 교육프로그램 등에서 수행하는 직무이다.

위의 2개 세부 직무별 수준범위에 해당하는 직무 수행기준을 살펴보면 다음과 같다.

표 44. 교육 및 훈련 직무군: 일반인 및 사용자 교육 직무

<table>
<tr><th>세부직무</th><th colspan="3">일반인 및 사용자 교육</th></tr>
<tr><td>직무정의</td><td colspan="3">정보보호에 대한 사용자의 인식교육은 물론 설치·이전된 정보보호 솔루션 및 시스템에 대한 사용자 교육, 기초기술교육 등 실무 중심적이나 기술적으로 난이도가 높지 않은 기초교육을 실시하는 직무이다.</td></tr>
<tr><th>직무수준</th><th>수행 특성</th><th>경력 년수</th><th>기술수준</th></tr>
<tr><td>7</td><td>-</td><td>15년 이상</td><td rowspan="3">고급</td></tr>
<tr><td>6</td><td>-</td><td>12~15년</td></tr>
<tr><td>5</td><td>사용자 교육 총괄책임자로서 사용자 교육에 대한 업무를 총괄하고 사용자 교육 프로젝트를 수행하며, 사용자의 정보보호에 대한 인식을 향상시키기 위한 교육기획 및 실무교육을 수행한다.</td><td>9~12년</td></tr>
<tr><td>4</td><td>사용자 교육 책임자로서 전반적인 교육일정계획을 세우고 체계적인 교육 시스템의 제공을 위한 교육훈련 조직구성, 사용자의 정보보호에 대한 인식을 향상시키기 위한 교육기획 및 실무교육을 수행한다.</td><td>7~9년</td><td>중급</td></tr>
</table>

직무수준	수행 특성	경력 년수	기술수준
3	초급 수준의 교육과정을 설계하고, 전문강사 양성을 위한 교육기획 및 실무교육을 수행한다.	5~7년	중급
2	초급 수준의 사용자 교육 실무자로서 교육에 필요한 정보보호 솔루션 및 시스템에 대한 지식을 바탕으로 초급수준의 사용자 교육을 수행한다.	3~5년	초급
1	-	3년 미만	

표 45. 교육 및 훈련 직무군: 전문가 교육 직무

세부직무	전문가 교육		
직무정의	정보보호 솔루션 및 시스템 개발과 관련한 개발자 교육, 전문 사용자 교육, 전문 보안기술교육 등 정보보호 기술 분야별 전문교육을 정규 및 민간 교육기관, 조직자체의 교육프로그램 등에서 수행하는 직무이다.		
직무수준	**수행 특성**	**경력 년수**	**기술수준**
7		15년 이상	고급
6	최고급 수준 기술교육의 실무자로서 정보보호 시스템과 관련된 새로운 교육과정을 기획·신설하고, 최고급수준의 실무기술 교육을 수행하며, 관련 교육교재 및 발표자료 등을 작성·교육한다.	12~15년	
5	고급 수준 기술교육의 실무자로서 정보보호 시스템과 관련된 새로운 교육과정을 기획·신설하고, 중급수준의 강사 양성을 위한 교육기획 및 운영을 수행하며, 관련 교육교재 및 발표자료 등을 작성·교육한다.	9~12년	
4	중급 수준 기술교육의 실무자로서 정보보호 시스템과 관련된 새로운 교육과정을 기획·신설하고, 하위수준의 강사 양성을 위한 교육기획 및 운영을 수행하며, 관련 교육교재 및 발표자료 등을 작성·교육한다.	7~9년	중급
3	정보보호 시스템과 관련된 초급 수준 기술교육의 실무자로서 기술교육 환경, 교육프로그램, 교육도구 사용방법 등을 활용하여 초·중급 수준의 교육을 수행하고, 초급 수준의 교육과정에 대한 기획 및 운영을 수행한다.	5~7년	
2	-	3~5년	초급
1	-	3년 미만	

마. 관리 및 운영

관리 및 운영 직무군의 세부직무는 프로젝트 관리, 정보인프라 보안관리, 물리적 보안 등 3개이다.

각각의 직무명세는 다음과 같다.

- 프로젝트 관리: 정보보호 프로젝트의 계획, 수행 및 진도관리, 인력관리, 기타 필요사항들을 검토・실시하며, 프로젝트 수행시에 수반되는 전주기적인 보안관리를 수행하는 직무이다.
- 정보인프라 보안관리: 정보자산에 대한 침해사고 방지 및 예방, 대응조치, 환경적응, 수정보완 등을 통해, 고장 없는 최적의 상태로 유지하고, 사용자의 만족을 확보할 수 있도록 운용・유지・보수하는 직무이다.
- 물리적 보안: 보안시설 및 출입보안체계 등의 물리적 보안시스템의 구축, 개선, 운영 등은 물론 허가되지 않은 사용자의 출입을 통제・관리하는 업무를 수행하는 직무이다.

위의 3개 세부 직무별 수준범위에 해당하는 직무 수행기준을 살펴보면 다음과 같다.

표 46. 관리 및 운영 직무군: 프로젝트 관리 직무

세부직무	프로젝트 관리		
직무정의	정보보호 프로젝트의 계획, 수행 및 진도관리, 인력관리, 기타 필요사항들을 검토・실시하며, 프로젝트 수행시에 수반되는 전주기적인 보안관리를 수행하는 직무이다.		
직무수준	수행 특성	경력 년수	기술수준
7	2개 이상의 프로젝트를 관리하고, 각 프로젝트의 중요사항 현황파악 및 조정권한, 프로젝트 최종완료 승인 등 의사결정을 한다.	15년 이상	고급
6	대형 프로젝트의 프로젝트계획수립, 팀원 역할 및 책임분배, 진척관리 및 의사결정, 협력업체 관리, 보안관리 등을 주관하고 프로젝트 전주기에 있어 검사지적 사항에 대한 시정조치를 수행한다.	12~15년	

직무수준	수행 특성	경력 년수	기술수준
5	중형 프로젝트의 프로젝트계획수립, 팀원 역할 및 책임분배, 진척관리 및 의사결정, 협력업체 관리, 보안관리 등을 주관하고 프로젝트 전주기에 있어 검사지적 사항에 대한 시정조치를 수행한다.	9~12년	고급
4	소형 프로젝트의 프로젝트계획수립, 팀원 역할 및 책임분배, 진척관리 및 의사결정, 협력업체 관리, 보안관리 등을 주관하고 프로젝트 전주기에 있어 검사지적 사항에 대한 시정조치를 수행한다.	7~9년	중급
3	-	5~7년	
2	-	3~5년	초급
1	-	3년 미만	

표 47. 관리 및 운영 직무군: 정보인프라 보안관리 직무

세부직무	정보인프라 보안관리		
직무정의	정보자산에 대한 침해사고 방지 및 예방, 대응조치, 환경적응, 수정보완 등을 통해, 고장 없는 최적의 상태로 유지하고, 사용자의 만족을 확보할 수 있도록 운용·유지·보수하는 직무이다.		
직무수준	수행 특성	경력 년수	기술수준
7	-	15년 이상	고급
6	정보자산관리에 대한 모든 보안업무를 총괄하고, 사용자의 만족도와 최적의 정보자산을 확보하기 위해 필요한 보안계획 및 대응조치를 제시한다.	12~15년	
5	정보자산에 대한 보안정책을 수립하고, 사용자의 만족도와 최적의 정보자산을 확보하기 위해 필요한 보안계획 및 대응조치를 지시한다.	9~12년	
4	정보자산에 대한 사용자의 만족도 결과를 평가 및 보고하고, 정보자산 침해시 발생한 침해수준과 범위를 평가하여 대응한다.	7~9년	중급
3	정보자산에 대한 사용자의 만족도를 조사 및 보고하고, 정보자산 침해시 발생한 침해수준과 범위를 보고한다.	5~7년	
2	-	3~5년	초급
1	-	3년미만	

표 48. 관리 및 운영 직무군: 물리적 보안 직무

<table>
<tr><th>세부직무</th><th colspan="3">물리적 보안</th></tr>
<tr><td>직무정의</td><td colspan="3">보안시설 및 출입보안체계 등의 물리적 보안시스템의 구축, 개선, 운영 등은 물론 허가되지 않은 사용자의 출입을 통제·관리하는 업무를 수행하는 직무이다.</td></tr>
<tr><th>직무수준</th><th>수행 특성</th><th>경력 년수</th><th>기술수준</th></tr>
<tr><td>7</td><td>-</td><td>15년 이상</td><td rowspan="3">고급</td></tr>
<tr><td>6</td><td>-</td><td>12~15년</td></tr>
<tr><td>5</td><td>-</td><td>9~12년</td></tr>
<tr><td>4</td><td>물리적 보안시스템에 대한 지식과 경험을 바탕으로 보안시스템에 대한 문제점을 제시하고 보안강화를 위한 개선방향을 도출한다.</td><td>7~9년</td><td rowspan="2">중급</td></tr>
<tr><td>3</td><td>물리적 보안시스템에 대한 지식과 경험을 바탕으로 다른 멤버와 협력하여 물리적 보안시스템의 구축, 개선, 운영 업무를 수행한다.</td><td>5~7년</td></tr>
<tr><td>2</td><td>물리적 보안시스템에 대한 지식을 바탕으로 상급자의 지도아래 다른 멤버와 협력하여 보안시스템 구축 업무를 수행한다.</td><td>3~5년</td><td rowspan="2">초급</td></tr>
<tr><td>1</td><td>물리적 보안시스템의 구축에 필요한 업무를 보조하고, 사용자의 출입을 통제·관리하는 단순 업무를 수행한다.</td><td>3년 미만</td></tr>
</table>

바. 사고대응

사고대응 직무군의 세부직무는 모니터링 및 대응, 디지털 포렌식, 업무 지속성 관리 등 3개이다.

각각의 직무명세는 다음과 같다.

- 모니터링 및 대응: 정보자산에 대한 위협요소를 실시간 모니터링하고, 모의 해킹시험을 수행해 봄으로써 시스템의 취약점을 분석하고, 해킹이나 웜/바이러스 발생 시 즉각 대응하는 업무를 수행하는 직무이다.
- 디지털 포렌식: 위협분석 요인에 대한 증거를 수집하고, 위협을 발생시켰던 증거를 복구·추적할 뿐만 아니라, 증거확보를 위한

시스템 및 솔루션의 운영·관리에 대한 책임을 지는 직무이다.

- 업무 지속성 관리: 업무활동에 방해요소를 완화시키며 주요 실패 및 재해의 영향으로부터 주요 사업활동을 보호하는 직무이다. 각종 재해/재난의 발생을 대비하기 위하여 핵심 시스템의 가용성과 신뢰성을 회복하고 업무의 지속성을 유지하기 위한 일련의 계획과 절차를 수립하고 실행하는 업무를 수행한다.

위의 3개 세부 직무별 수준범위에 해당하는 직무 수행기준을 살펴보면 다음과 같다.

표 49. 사고대응 직무군: 모니터링 및 대응 직무

세부직무	모니터링 및 대응		
직무정의	정보자산에 대한 위협요소를 실시간 모니터링하고, 모의 해킹시험을 수행해봄으로써 시스템의 취약점을 분석하고, 해킹이나 웜/바이러스 발생시 즉각 대응하는 업무를 수행하는 직무이다.		
직무수준	수행 특성	경력 년수	기술수준
7	-	15년 이상	고급
6	-	12~15년	
5	정보자산의 위협요소에 대한 전문적인 지식을 바탕으로 위협요소 대응절차 및 계획을 수립하고, 위협요소에 대한 즉각적인 대응을 지시하는 업무를 수행한다.	9~12년	
4	정보자산에 대한 위협요소 대비 시스템의 성능을 분석 및 평가하고, 위협요소 발생시 즉각 대응하는 업무를 수행한다.	7~9년	중급
3	정보자산에 대한 위협요소 대비 시스템의 성능을 분석하고, 위협요소 발생시 상급자의 지시에 따라 즉각 대응하는 업무를 수행한다.	5~7년	
2	정보자산의 위협요소에 대한 지식을 바탕으로 위협요소 대응절차 및 계획을 수립하는 데에 필요한 보조 업무를 수행한다.	3~5년	초급
1	정보자산의 위협요소에 대한 기초 지식을 습득하고 위협요소를 실시간 모니터링하여 상급자에게 보고하는 업무를 수행한다.	3년 미만	

표 50. 사고대응 직무군: 디지털 포렌식 직무

<table>
<tr><th>세부직무</th><th colspan="3">디지털 포렌식</th></tr>
<tr><td>직무정의</td><td colspan="3">위협분석 요인에 대한 증거를 수집하고, 위협을 발생시켰던 증거를 복구・추적할 뿐만 아니라, 증거확보를 위한 시스템 및 솔루션의 운영・관리에 대한 책임을 지는 직무이다.</td></tr>
<tr><th>직무수준</th><th>수행 특성</th><th>경력 년수</th><th>기술수준</th></tr>
<tr><td>7</td><td>-</td><td>15년 이상</td><td rowspan="3">고급</td></tr>
<tr><td>6</td><td>디지털 포렌식에 대한 폭 넓은 지식과 경험을 바탕으로 디지털 증거 확보 및 복구를 위한 일련의 계획과 절차를 수립하고, 디지털 장비 및 시스템 검증을 위한 방법과 가이드라인을 제시한다.</td><td>12~15년</td></tr>
<tr><td>5</td><td>디지털 포렌식에 대한 폭 넓은 지식과 경험을 바탕으로 복구된 디지털 증거를 검증하고, 디지털 장비 및 시스템 검증을 위한 항목과 절차를 수립한다.</td><td>9~12년</td></tr>
<tr><td>4</td><td>디지털 포렌식에 대한 관련 법률 지식과 경험을 바탕으로 디지털 증거 수집을 위한 적법한 절차와 수단을 확립하고, 신뢰성 있는 디지털 증거 수집을 위해 각종 장비 및 시스템에 대한 검증을 수행한다.</td><td>7~9년</td><td rowspan="2">중급</td></tr>
<tr><td>3</td><td>디지털 포렌식의 관련 법률에 대한 지식을 바탕으로 디지털 증거 수집을 위한 적법한 절차와 수단에 따른 디지털 증거를 수집하고, 신뢰성 있는 디지털 증거 수집 장비 및 시스템을 확보한다.</td><td>5~7년</td></tr>
<tr><td>2</td><td>-</td><td>3~5년</td><td rowspan="2">초급</td></tr>
<tr><td>1</td><td>-</td><td>3년미만</td></tr>
</table>

표 51. 사고대응 직무군: 업무 지속성 관리 직무

세부직무	업무 지속성 관리		
직무정의	업무활동에 방해요소를 완화시키며 주요 실패 및 재해의 영향으로부터 주요 사업 활동을 보호하는 직무이다. 각종 재해/재난의 발생을 대비하기 위하여 핵심 시스템의 가용성과 신뢰성을 회복하고 업무의 지속성을 유지하기 위한 일련의 계획과 절차를 수립하고 실행하는 업무를 수행한다.		
직무수준	수행 특성	경력 년수	기술수준
7	주요 핵심 사업 활동을 구분하고, 효과적인 재해 예방과 시스템의 보호를 위해 일련의 계획 및 절차를 수립하여 업무의 지속성을 보장한다.	15년 이상	고급
6	업무활동의 각종 방해요소로부터 시스템을 보호하기 위한 계획 및 절차를 수립하고, 효과적인 재해 예방을 위한 대응조치, 성능개선 등의 방안을 수립한다.	12~15년	
5	업무활동의 각종 방해요소를 분석하고 시스템에 대한 문제예방, 대응조치, 성능개선 등을 통해 시스템의 가용성과 신뢰성을 보장하는 업무를 수행한다.	9~12년	
4	-	7~9년	중급
3	-	5~7년	
2	-	3~5년	초급
1	-	3년 미만	

사. 평가 및 인증

평가 및 인증 직무군의 세부직무는 평가인증 및 품질보증, 정보시스템 보안감사 등 2개이다.

각각의 직무명세는 다음과 같다.

- 평가인증 및 품질보증: 정보시스템의 보안 관련 안정성 및 신뢰성 확보를 위해 정보 및 정보시스템의 가용성, 무결성, 비밀성, 부인방지, 품질, 인증 등을 보장하여 정보 및 정보시스템을 보호하고 방어하는 직무로써, 정보시스템 및 관리체계에 대한 인증, 평가, 품질보증을 위한 업무를 수행한다.
- 정보시스템 보안감사: 독립성을 확보한 감사인이 정보시스템의

안전성, 효율성, 효과성을 향상시킬 수 있도록 필요한 증거를 종합적이고 체계적으로 수집·평가하여 객관적으로 관계자에게 조언·권고하는 직무이다.

위의 2개 세부 직무별 수준범위에 해당하는 직무 수행기준을 살펴보면 다음과 같다.

표 52. 평가 및 인증 직무군 : 평가인증 및 품질보증 직무

<table>
<tr><th>세부직무</th><th colspan="3">평가인증 및 품질보증</th></tr>
<tr><td>직무정의</td><td colspan="3">정보시스템의 보안 관련 안정성 및 신뢰성 확보를 위해 정보 및 정보시스템의 가용성, 무결성, 비밀성, 부인방지, 품질, 인증 등을 보장하여 정보 및 정보시스템을 보호하고 방어하는 직무로써, 정보시스템 및 관리체계에 대한 인증, 평가, 품질보증을 위한 업무를 수행한다.</td></tr>
<tr><th>직무수준</th><th>수행 특성</th><th>경력 년수</th><th>기술수준</th></tr>
<tr><td>7</td><td>-</td><td>15년 이상</td><td rowspan="3">고급</td></tr>
<tr><td>6</td><td>대형 정보시스템에 대한 평가 및 품질보증을 책임지고 수행하며, 정보시스템의 품질보증계획 수립, 품질보증 계획 이행관리, 이행 모니터링, 인증, 절차검증, 평가 등을 수행한다.</td><td>12~15년</td></tr>
<tr><td>5</td><td>중규모의 정보시스템에 대한 품질보증계획 수립, 품질보증 계획 이행관리, 이행 모니터링, 인증, 절차검증, 평가 등을 수행한다.</td><td>9~12년</td></tr>
<tr><td>4</td><td>중소규모의 정보시스템에 대한 품질보증계획 수립, 품질보증 계획 이행관리, 이행 모니터링, 인증, 절차 검증, 평가 등을 수행한다.</td><td>7~9년</td><td rowspan="2">중급</td></tr>
<tr><td>3</td><td>평가계획 및 규정에 따라 품질보증을 수행하며, 소규모의 정보시스템에 대한 품질보증계획 수립, 품질보증 계획 이행관리, 인증, 평가 등을 수행한다.</td><td>5~7년</td></tr>
<tr><td>2</td><td>-</td><td>3~5년</td><td rowspan="2">초급</td></tr>
<tr><td>1</td><td>-</td><td>3년 미만</td></tr>
</table>

표 53. 평가 및 인증 직무군: 정보시스템 보안감사 직무

<table>
<tr><th>세부직무</th><th colspan="3">정보시스템 보안감사</th></tr>
<tr><td>직무정의</td><td colspan="3">독립성을 확보한 감사인이 정보시스템의 안전성, 효율성, 효과성을 향상시킬 수 있도록 필요한 증거를 종합적이고 체계적으로 수집・평가하여 객관적으로 관계자에게 조언・권고하는 직무이다.</td></tr>
<tr><th>직무수준</th><th>수행 특성</th><th>경력 년수</th><th>기술수준</th></tr>
<tr><td>7</td><td>대규모 프로젝트에 대한 심도 있는 전문지식과 경험을 바탕으로 정보시스템의 문제점과 개선방안을 조정・취합・평가하는 포괄적 업무를 수행한다.</td><td>15년 이상</td><td rowspan="3">고급</td></tr>
<tr><td>6</td><td>중규모 프로젝트에 대한 심도 있는 전문지식과 경험을 바탕으로 정보시스템의 문제점을 도출하고 개선방안을 제시한다.</td><td>12~15년</td></tr>
<tr><td>5</td><td>소규모 프로젝트에 대한 전문지식과 복합적 기술을 바탕으로 한정된 분야의 문제점을 도출하고 개선방안을 제시한다.</td><td>9~12년</td></tr>
<tr><td>4</td><td>-</td><td>7~9년</td><td rowspan="2">중급</td></tr>
<tr><td>3</td><td>-</td><td>5~7년</td></tr>
<tr><td>2</td><td>-</td><td>3~5년</td><td rowspan="2">초급</td></tr>
<tr><td>1</td><td>-</td><td>3년 미만</td></tr>
</table>

제 6 장
정보보호 직무별 필요 지식 및 기술 분석

제6장 정보보호 직무별 필요 지식 및 기술 분석80)

정보보호의 중요성이 확산되면서 국내 정보보호 산업의 발전과 함께 정보보호 전문인력 양성을 위한 노력이 다각도로 이루어져 왔다. 특히 정보보호 인력의 질적인 양성을 위해서는 보다 체계적인 정보보호 교육 시스템이 필요하다는 전제 아래, 정보보호 분야 지식 및 기술 분석에 대한 연구가 활발히 진행되어 왔다. 따라서, 제6장에서는 제5장에서 소개한 정보보호 분야 직무체계에 기반한 정보보호 분야의 직무별 필요 지식 및 기술 등에 대해 살펴보고자 한다.

직무별 필요 지식 및 기술을 파악하는 연구의 목적은 기업수요에 적합한 인력을 양성하는 것이다. 정보보호 분야의 직무별 필요 지식 및 기술을 근간으로 하여 정규 대학(원)의 교과과정 설계 및 운영, 기존인력의 재교육, 타분야 인력의 유입을 유도할 수 있는 교육체계를 마련할 수 있기 때문이다.

80) 제6장은 Information System Review 등에 게재된 다음 논문들을 중심으로 살펴보고자 한다.
- 전효정, 유혜원, 김태성, "정보보호 분야 직무별 필요 지식 및 기술 분석", Information Systems Review, 10(2), 253-267, 2008.8.
- 유혜원, 김태성, 전효정, "정보보호 분야 지식 및 기술 수요", 정보보호학회지, 19(1), 23-28, 2009.2.
- 유혜원, 김태성, "정보보호 전문인력의 경력에 따른 지식 및 기술 수요 특성", 정보보호학회논문지, 19(4), 77-89, 2009.8a.
- 유혜원, 김태성, "정보보호 전문인력의 소요 지식 및 기술에 대한 산업체와 교육기관의 관점", Information Systems Review, 11(2), 113-129, 2009.8b.

제1절 연구의 필요성

편리하고 안전한 미래의 정보통신 서비스를 누구보다도 빨리 이용하기를 바라는 일반 사용자들은 미래의 신서비스 및 신기술의 출현에 대한 기대만큼 높은 수준의 정보보호 서비스가 뒷받침되기를 바란다. 따라서, 안전하고 편리한 서비스를 제공해야 할 의무가 있는 산업계는 정보보호정책의 수립·운영에서부터 개인정보보호 전담부서 설치 등에 이르는 전사적인 정보보호 체계 마련의 필요성에 대해 높이 인식하고 있다. 그러나, 실질적으로 정보보호의 필요성에 대해서는 높이 인식하고 있다고 하더라도 당장의 문제나 불편함이 발생하지 않으면 투자할 필요성을 느끼지는 못하기 때문에 사후약방문격의 대처에만 급급한 것이 현실이다. 따라서, 국내 정보보호산업의 성장을 위해서는 무엇보다도 정보보호 전문인력의 확보가 우선되어야 한다는 전제아래 우선적으로 정보보호인력에 대한 수요를 분석하고자 하기 위한 노력이 필요하며 이를 위한 첫 단추가 정보보호 분야의 지식 및 기술을 밝혀내는 것이라 할 수 있다.

정보보호 분야의 전문인력이 갖추어야 하는 전문지식 및 기술을 밝혀내는 연구는 주로 정보보호 분야 교육과정의 개발 및 재편과 관련하여 이루어져 왔다. 그만큼, 실무자들의 전문지식 및 기술을 식별해 내는 것은 인력의 훈련 및 교육을 위한 교과과정 설계의 훌륭한 기반자료가 된다는 것을 알 수 있다. 그러나, 많은 연구가 정보보호에 대한 인식교육의 필요성을 강조하거나 기존 정보보호 교과과정의 선수관계 조정 또는 보강 수준에 그치고 있다. 정보보호 분야의 실무자들을 위한 전문지식 및 기술을 탐색하고 그 결과를 교과과정 재편에 반영하여야 한다는 논리를 내세운 연구는 알려진 것이 거의 없다.

제2절 관련연구 현황

오랜 기간 동안 정보보호를 정보통신 분야의 일부로 간주해왔기 때문에 정보보호의 교육 프로그램 또는 지식에 대한 연구 중에서 정보보호의 자체적인 교과과정 개발에 대한 연구는 국내외적으로 많지 않은 것으로 파악된다. 따라서, 정보보호 분야뿐만 아니라 정보시스템 분야의 지식 및 기술에 대한 연구에 대해서도 살펴보고자 한다.

1. 정보시스템 분야

관리적 측면의 정보보호가 가장 많이 적용되어 온 정보시스템 분야에서의 직무별 필요 지식 및 기술에 대한 연구가 많이 진행되고 있다. 정대율(1999)은 미래 지향적인 정보시스템 전문가 양성을 위한 경영정보시스템 교과과정을 제시하였다. 정보시스템 전문가에게 요구되는 지식을 기초기술, 개인 컴퓨팅도구 사용능력, 정보시스템 관리 등 총 3개 범주로 제시하고, 현재 및 미래(3년후) 시점에서의 중요도에 대해 조사·분석하였다. Cheney, Lyons(1980)는 32명의 정보시스템 관리자를 대상으로 정보시스템 운영에 필요한 지식을 분석하여 제시하고, 필요지식을 5개로 범주화하여 데이터관리자, 시스템분석가, 프로그래머별로 중요도를 조사·분석하였다. Nelson(1991)은 전문인력과 최종사용자를 대상으로 정보시스템 관련 지식 및 기술에 대해 필요정도, 숙련 및 미숙련 정도를 조사하여 제시하고 있다.

Trauth 등(1993)은 미래 정보시스템 전문가들에게 필요할 것으로 생각되는 핵심 기술 및 지식을 식별하고, 정보시스템관리자, 최종사용자관리자, 정보시스템 컨설턴트, 정보시스템 분야 교수 등 4개 그룹별로 조사하였다. Trauth 등(1993)에서 제시된 지식 및 기술은 데이터베이스 개발, 정보보호 기술 등의 정보시스템 기술과 네트워크, 정보통신, 4세대 프로그래밍 언어 등의 일반기술과 임무완수능력, 업무의 모호성 해결능력 등의 관리기술과 사업환경 분석, 사업기능에 대한 지식 등 경영기술 등이다.

Lee 등(1995)은 정보시스템 관련 실무를 처리함에 있어 중요하다고 인식되는 지식 및 기술을 제시하고 학계와 업계별로 조사하였다. 제시된 정보시스템 분야의 지식 및 기술은 기술적 지식, 관리 지식, 사업기능 지식 등 3개 범주에 걸쳐 시스템 개발 및 구현, 비즈니스 문제 및 IS 솔루션 분석, 데이터베이스 개발, IS 전문가 교육 및 훈련, 시스템 평가 등 총 21개이다. Lee 등(1995)은 정보시스템 분야의 일반 지식 및 기술과 소프트웨어툴 분야의 운영체제, 응용 프로그램, 시스템개발 방법론, 프로그래밍 언어 등의 지식 및 기술을 제시하고 학계와 업계 두 그룹별로 인식하고 있는 중요도의 차이를 조사하였다.

Wu 등(2004)은 각 산업별(3개)로 정보시스템 관리자별(3계급) 차이를 조사하였다. 제시된 정보보호 관리자를 위한 지식 및 기술로는 전략계획, 시장기회 분석능력, 중장기계획 수립능력, 인적자원 관리 등 21개의 핵심 관리활동과 분석 및 평가기술, 창조 기술 등 9개의 핵심 관리기술이다.

Wu 등(2007)에서는 정보보호 관리자의 계급(최고의사결정자, 중간관리자, 하위관리자)별로 인식하고 있는 정보시스템 관련 핵심활동 20개와 전문지식 및 기술 14개 등에 대한 인식차이를 조사하였다.

표 54. 국내외 정보시스템 분야 지식 및 기술 식별을 위한 연구

구 분	연구내용
정대율 (1999)	• 국내외의 MIS 교과과정 연구를 소개하고, 이로부터 정보시스템 전문가들을 위한 요구지식과 기술능력을 구성하여 조사 • 결과를 바탕으로 교과과정 재구성
Cheney, Lyons (1980)	• 32명의 정보시스템 관리자를 대상으로 정보시스템 운영에 필요한 지식을 분석 • 필요지식을 범주화하여 총 5개 범주에 대해 데이터관리자, 시스템분석가, 프로그래머별로 중요도 분석
Nelson (1991)	• 전문인력과 최종사용자를 대상으로 정보시스템 관련 지식 및 기술에 대해 필요정도, 숙련/미숙련 정도 조사
Trauth et al. (1993)	• 미래 정보시스템 전문가들에게 필요할 것으로 생각되는 핵심기술 및 지식을 식별해 냄 • 정보시스템관리자, 최종사용자관리자, 정보시스템 컨설턴트, 정보시스템 분야 교수 등 4개그룹별로 조사
Lee et al. (1995)	• 정보시스템 인력에 대해 낮은 수준의 직무는 사라지고 복잡한 직무가 출현할 것이라고 전제 • 관련 지식 및 기술을 식별하고 그에 대한 현재와 미래 시점에서의 중요도에 대해 설문조사하여 제시 • 궁극적으로는 이에 기반하여 정보시스템 분야의 교과과정 재편의 필요성을 주장
Lee et al. (2002)	• 정보시스템 관련 실무를 처리함에 있어 중요하다고 인식되는 지식 및 기술에 대해 학계와 업계의 관점은 상당히 다르다고 주장 • 두 그룹별 조사를 통해 차이를 분석
Yen et al. (2003)	• 산업계가 수요하고자 하는 정보시스템 지식 및 기술에 대한 산업 실무자와 학계 교육자간의 인식차 분석 • 그 차이를 줄일 수 있는 방안에 대해 제시
Wu et al. (2004)	• 연구모델을 3개 산업별로 3계급의 정보시스템 관리자별로 필요하다고 인식하는 관리자의 역할과 지식 및 기술이 다를 것이라고 전제하고, 조사·분석
Wu et al. (2007)	• 3계급의 정보시스템 관리자별로 중요하다고 인식하고 있는 직무 및 지식/기술에 대해 설문조사하여 식별 • 정보시스템 전문가들을 위한 교육/훈련과정을 설계 또는 전문가들을 채용하기 위한 가이드라인으로 활용 가능하다고 주장

표 55. 국내외 정보보호 분야 지식 및 기술 식별을 위한 연구

구 분	연구내용
최명길, 김세헌 (2004)	• 정보보호전문가에게 필요한 지식 및 기술을 식별 • 연구자 그룹과 실무자 그룹으로 나누어 조사
Irvine et al. (1998)	• 정보보호를 공학계열의 전공에 포함시켜야 한다고 전제 • 포함시켜야 하는 정보보호 분야의 지식/기술 제시
Wright (1998)	• 정보시스템 보안은 특히나 범주가 넓은 특성이 있어 다학제적인 교육이 필요하다고 주장 • 보안기술별로 어떠한 전공들이 연계되는지를 분석
Logan (2002)	• 정보통신 교육에 있어 정보보호는 필수, 특히 대학원생들에 대한 정보보호 실무교육은 매우 중요 • 보안관련 자격증 등의 지식영역을 차용
Cockcroft (2002)	• 정보보안 분야의 지식체계를 기반으로 전자상거래 교과과정 설계 • 정보보호 관리자를 위한 'skill sets' 검토
Rainer et al. (2007)	• 정보보호 분야 기술자와 관리자간의 정보보호 이슈에 대한 인식차이 조사 • 서로간의 지식을 공유함으로써 두 집단 간의 인식차를 줄여 나갈 수 있을 것이라고 주장

2. 정보보호 분야

정보보호를 주제로 하는 많은 연구가 정보보호에 대한 인식교육의 필요성을 강조하거나 기존 정보보호 교과과정의 선수관계 조정 또는 보강 수준에 그치고 있다. 정보보호 분야의 실무자들을 위한 지식 및 기술을 탐색하고 그 결과를 교과과정 재편에 반영하여야 한다는 논리를 내세운 연구는 거의 없다.

산업계에서 필요로 하는 정보보호 분야 지식 및 기술을 도출하고 각 지식 및 기술의 직무별 차이를 분석하기 위한 문헌연구 결과는 다음과 같다.

최명길, 김세헌(2004)은 특히 정보보호 관리자에게 필요한 지식 및 기술을 델파이조사를 통해 도출하고 이를 연구자 그룹과 실무자 그룹

별로 설문조사하여 그 차이를 분석·제시하고 있다. 제시된 지식 및 기술로는 관리적 정보보호대책 수립, 정보보호정책 수립, 정보보호시스템 취약성 분석, 위험분석 및 평가 등 15개이며 이를 실무기술, 정보보호 기술, 정보보호관리 기술 등 3개로 범주화하여 제시하고 있다.

Irvine 등(1998)은 정보보호 관련 교과목을 공학계열의 전공에 반드시 포함시켜야 한다고 전제하면서 정보보호 분야의 지식 및 기술로서 수학 및 과학을 적용시킬 수 있는 능력, 올바른 의사소통 능력 등 11개를 제시하였다.

Wright(1998)는 정보시스템 보안의 경우 매우 범주가 넓은 특성이 있어 다학제적인 교육이 필요하다고 전제하면서, 공학계열 학과의 교육과정과 보안교육이 어떻게 연계되는지에 대해서 분석하였다. 여기서 제시된 보안관련 지식영역은 접근통제, 암호학, 위험관리, 사업지속성계획 등 16개 영역이다. Logan(2002)은 정보통신 전공을 교육함에 있어 보안이슈는 필수인데 특히 대학원 과정의 학생들에게는 정보보호와 관련된 실무측면의 교육이 필요하다고 전제하고 있다. 보안관련 자격증 및 사설기관 교육과정에서 제시하고 있는 지식영역을 차용하여 대학원생들을 위한 교육과정 편성방향을 제시하고 있다. 제시된 지식영역은 보안관리실무, 보안구조 및 모델, 접근통제시스템 및 방법론, 운영체제 보안 등이다. Cockcroft(2002)는 전자상거래 전공의 교과과정을 설계하면서 정보보안 분야에서 연구되어 온 지식분야와 지식체계를 기반으로 하였다. 제시된 지식분야로는 접근통제시스템 및 방법론, 통신 및 네트워크 보안, 보안관리실무, 암호학 등이다. Rainer 등(2007)은 정보보호 분야 기술자와 관리자간의 정보보호 이슈에 대한 인식의 차이를 조사하였다. 제시된 보안이슈는 정보기밀성, 정보무결성, 방화벽, 정보가용성, 위험관리, 바이러스공격 등 142개이다.

표 56. 문헌조사를 통한 정보보호 분야 지식 및 기술 도출 결과

구 분	제시된 지식 및 기술
최명길, 김세헌 (2004)	관리적 정보보호대책 수립, 정보보호정책 수립, 보안감사에 대한 이해, 애플리케이션 보안기술에 대한 이해, 위험 관리 능력, 정보보호시스템 취약점 분석 능력, Cyber Law에 대한 이해
Cheney, Lyons (1980)	데이터베이스 보안, 프로그래밍 언어, 프로젝트 관리, 프로젝트 관리자의 역할에 대한 이해, 프로젝트 팀 협업 능력
Nelson (1991)	경영기능에 대한 이해, 경영문제진단과 해결대안 개발 능력, 경영환경 이해, 고객 관계유지 능력
Trauth et al. (1993)	프로그래밍 언어, 프로젝트 관리, 프로젝트 관리자의 역할에 대한 이해, 프로젝트 팀 협업 능력
Irvine et al. (1998)	개인 프라이버시와 윤리에 대한 이해, 새로운 보안환경 분석 및 이해, 수리능력, 원만한 대인관계능력과 리더쉽, 의사소통 능력, 직업윤리와 프로정신에 대한 이해, 수리능력, Cyber Law에 대한 이해
Wright (1998)	사이버 윤리에 대한 이해, 기초 암호학 이해, 네트워크 통신기술, 물리적 보안, 정보보호대책, 보안 취약점 분석, 보안감사, 사업지속성 관리, 애플리케이션 보안, 정보보호 관련 법률, 직업윤리, Cyber Law
Logan (2002)	물리적 정보보호대책 설계, 보안 취약점 분석, 보안감사, 전자상거래 보안
Cockcroft (2002)	접근통제시스템 및 방법론, 통신 및 네트워크 보안, 암호학
Lee et al. (2002)	데이터베이스 보안, 문서작성 및 발표 능력, 소프트웨어 공학, 원만한 대인관계 및 리더쉽, 정보시스템 개발
Yen et al. (2003)	경영기능에 대한 이해, 경영문제진단과 해결대안 개발, 경영환경・목표・전략 등에 대한 이해, 고객과의 긴밀한 관계유지 능력, 문서작성 및 발표 능력, 대인관계 능력, 의사소통 능력, 인터넷 기술, 인터넷 프로토콜, 프로그래밍 언어
Rainer et al. (2007)	생채인식기술, 시스템 구조 분석, 악성코드 제작 및 분석, 운영체제 구조, 인터넷 기술, 인터넷 프로토콜, 전자상거래 보안, 침입탐지, 침해사고 대응, 해킹 및 바이러스, 위험관리, 물리적 보안

* 문헌조사에서 도출된 지식 및 기술 중 본 연구에서 최종적으로 채택한 지식 및 기술만을 제시한 것

제3절 정보보호 직무별 전문 지식 및 기술

정보보호와 직·간접적으로 연관된 지식 및 기술을 망라하면 개인 프라이버시와 윤리에 대한 이해, 정보전에 대한 이해 등 55개로 요약해 볼 수 있다.

55개의 정보보호 지식 및 기술에 대하여 정보보호 분야의 산·학·연·관의 전문가들을 대상으로 이들이 정보보호 직무별 전문지식 및 기술로 적절한지 등을 조사하여 그 결과를 분석한 결과를 직무군별로 살펴보면 다음과 같다. 직무별 구분은 제5장에서 설명한 정보보호 분야 직무체계를 기준으로 제시하였으나, 실질적으로 주요 응답결과는 4개 직무군에 대해 정리되었다.

표 57. 정보보호 분야 지식 및 기술(55개, 2008.8)

1	개인 프라이버시와 윤리에 대한 이해	29	의사소통 능력
2	경영기능에 대한 이해	30	인터넷 기술 및 웹사이트 관리 기술 이해
3	경영문제진단과 해결대안 개발 능력	31	인터넷 프로토콜에 대한 이해
4	경영환경·목표·전략에 대한 이해	32	전자상거래 보안기술에 대한 이해
5	고객/사용자와의 긴밀한 관계유지 능력	33	정보보호 관련 법률 및 규정에 대한 이해
6	관리적 정보보호정책 수립 능력	34	정보보호 표준에 대한 지식
7	기초 암호학 이해 및 적용 능력	35	정보보호시스템 취약점 분석 능력
8	네트워크 및 통신보안기술에 대한 이해	36	정보보호시스템 평가 및 인증에 대한 이해
9	데이터베이스 보안기술에 대한 이해	37	정보시스템 설계 및 개발 능력
10	마케팅에 대한 기본 지식	38	정보전에 대한 이해
11	문서작성 및 발표 능력	39	직업윤리와 프로정신에 대한 이해
12	물리적 보안에 대한 이해	40	침입탐지와 차단 관리 능력
13	물리적 정보보호대책 설계 능력	41	침해사고에 대한 대응 능력
14	보안 취약점 분석 능력	42	콘텐츠 보안기술에 대한 이해
15	보안감사에 대한 이해	43	포렌식에 대한 이해
16	사업지속성 관리에 대한 이해	44	품질관리 및 품질보증에 대한 이해
17	새로운 보안환경 분석 및 이해	45	프로그래밍 언어에 대한 이해
18	생체인식기술에 대한 이해	46	프로젝트 관리에 대한 이해
19	서버보안시스템 구축 능력	47	프로젝트 관리자의 역할에 대한 이해

20	소프트웨어 공학에 대한 이해	48	프로젝트 팀 내에서의 협업 능력
21	수리능력(이산수학, 확률통계학 등)	49	해킹 및 바이러스 분석 및 대응능력
22	시스템 구조 분석 능력	50	COBIT 4.0에 대한 이해
23	신규 정보보호 기술에 대한 이해	51	Cyber Law에 대한 이해
24	악성코드 제작 및 분석기술에 대한 이해	52	ISMS에 대한 이해
25	애플리케이션 보안기술에 대한 이해	53	ITIL에 대한 이해
26	운영체제 구조에 대한 이해	54	IT Governance에 대한 이해
27	원만한 대인관계능력과 리더쉽	55	PC보안 기술에 대한 능력
28	위험 관리(위험 분석 및 평가) 능력		

표 58. 4개 직무군별 필요정도 순위(상위 10개 지식 및 기술)

직무	전략 및 기획	연구개발 및 구현	관리 및 운영	사고 대응
1	원만한 대인관계능력과 리더십	보안감사에 대한 이해	원만한 대인관계능력과 리더십	문서작성 및 발표 능력
2	직업윤리와 프로정신에 대한 이해	네트워크 및 통신보안기술에 대한 이해	위험 관리(위험 분석 및 평가) 능력	위험 관리(위험 분석 및 평가) 능력
3	데이터베이스 보안기술에 대한 이해	애플리케이션 보안기술에 대한 이해	의사소통 능력	침해사고에 대한 대응 능력
4	의사소통 능력	고객/사용자와의 긴밀한 관계유지 능력	네트워크 및 통신보안기술에 대한 이해	네트워크 및 통신보안기술에 대한 이해
5	운영체제 구조에 대한 이해	보안 취약점 분석 능력	개인 프라이버시와 윤리에 대한 이해	보안감사에 대한 이해
6	사업지속성 관리에 대한 이해	사업지속성 관리에 대한 이해	관리적 정보보호정책 수립 능력	프로젝트 관리에 대한 이해
7	위험 관리(위험 분석 및 평가) 능력	침해사고에 대한 대응 능력	고객/사용자와의 긴밀한 관계유지 능력	프로젝트 관리자의 역할에 대한 이해
8	정보보호시스템 평가 및 인증에 대한 이해	정보보호 표준에 대한 지식	보안감사에 대한 이해	애플리케이션 보안기술에 대한 이해
9	해킹 및 바이러스 분석 및 대응 능력	전자상거래 보안기술에 대한 이해	정보보호 관련 법률 및 규정에 대한 이해	-
10	-	침입탐지와 차단 관리 능력	문서작성 및 발표 능력	-

제4절 정보보호 전문인력의 경력별 전문 지식 및 기술

전문인력의 경력별 전문 지식 및 기술을 파악하는 것은 전문적이고 수요 지향적인 정보보호 전문인력 양성을 위한 교육 및 훈련 프로그램 개발을 위한 가장 기초적인 작업이라 할 수 있다.

유혜원・김태성(2009a)[81]은 정보보호 전문인력의 경력별 전문 지식 및 기술을 분석하기 위해 1단계로 전효정 등(2008)[82]에서 정보보호 직무별 필요 지식 및 기술 분석을 위해 실시했던 문헌분석 결과를 제시하고 10명의 정보보호 분야의 전문가(정보보호 전공 교수)의 의견을 수렴하여 최종적으로 정보보호 분야 지식 및 기술 71개로 정리하였다. 2단계로는 71개의 정보보호 분야 지식 및 기술에 대하여 현업 종사자들(경력자)을 대상으로 직무수행시 필요하다고 생각되는 정도(필요 정도)와 본인의 숙련된 정도(숙련 정도)를 설문조사하여 분석하여 정보보호 전문인력의 경력별로 전문 지식 및 기술을 분석하였다. 2단계 설문조사의 대상은 한국정보보호산업협회(KISIA)[83] 회원사에 종사 중인 전문인력이었으며 최종 응답자 수는 238명이었다. 정보보호 전문인력을 업무 경력별로 세 그룹으로 구분하여 71개 지식 및 기술 항목에 대한 필요 및 숙련 정도에 대한 그룹간의 차이점을 분석하였는데, 전공 범위 및 업무경력의 구분은 정보통신기술자의 전공학과의 범위 및 경력인정방법[84]을 참조하였다.

---

81) 유혜원, 김태성, "정보보호 전문인력의 경력에 따른 지식 및 기술 수요 특성", 정보보호학회논문지, 19(4), 77-89, 2009.8a.

82) 전효정, 유혜원, 김태성, "정보보호 분야 직무별 필요 지식 및 기술 분석", Information Systems Review, 10(2), 253-267, 2008.8.

83) 現지식정보보안산업협회

84) 정보통신부, 정보통신기술자의 전공학과의 범위 및 경력인정방법(정보통신부고시 제2005-42호), 2005.

표 59. 정보보호 분야 지식 및 기술 (71개, 2009.8)

의사소통 능력	IT Governance에 대한 이해
원만한 대인관계능력	사업지속성 관리에 대한 이해
리더쉽	악성코드 제작 및 분석 기술에 대한 이해
직업윤리에 대한 이해	해킹 및 바이러스 분석 및 대응능력
프로정신에 대한 이해	위험 관리(위험 분석 및 평가) 능력
문서작성(워드프로세스 등) 능력	침입탐지와 차단 관리 능력
발표(프리젠테이션) 능력	침해사고에 대한 대응 능력
경영기능에 대한 이해	보안 취약점 분석 능력
경영환경, 목표, 전략에 대한 이해	정보보호시스템 취약점 분석 능력
경영문제진단과 해결대안 개발 능력	정보보호시스템 평가 및 인증에 대한 이해
마케팅에 대한 기본 지식	정보보호 표준에 대한 지식
고객 또는 사용자와의 긴밀한 관계유지 능력	품질관리 및 품질보증에 대한 이해
프로젝트 관리에 대한 이해	물리적 보안에 대한 이해
프로젝트 관리자의 역할에 대한 이해	물리적 정보보호대책 설계 능력
프로젝트 팀 내에서의 협업 능력	디지털 포렌식에 대한 이해
프로그래밍 언어(C++, JAVA)에 대한 이해	수리능력
소프트웨어 공학에 대한 이해	기초 암호학 이해 및 적용 능력
운영체제(유닉스, 윈도우 등) 구조에 대한 이해	무선 보안 기술
시스템 구조 분석 능력	보안모듈 관련 지식 및 기술
임베디드 시스템에 대한 이해	보안 키 관리 기술
시스템 정합(interface) 기술에 대한 이해	전자 서명 및 인증 기술
정보시스템 설계 및 개발 능력	암호프로토콜 안전성 분석 기술
시스템 형상관리에 대한 이해	암호프로토콜 설계 기술
네트워크 및 통신보안기술에 대한 이해	데이터베이스 보안기술에 대한 이해
인터넷 프로토콜에 대한 이해	콘텐츠 보안기술에 대한 이해
인터넷 기술 및 웹사이트 관리 기술 이해	서버보안시스템 구축 능력
이동통신 관련 기술	PC보안 기술에 대한 이해
개인 프라이버시와 윤리에 대한 이해	애플리케이션 보안기술에 대한 이해
정보보호 관련 법률 및 규정에 대한 이해	생체인식기술에 대한 이해
Cyber Law에 대한 이해	전자상거래 보안기술에 대한 이해

관리적 정보보호정책 수립 능력	새로운 보안환경(웹2.0, IPv6 등) 분석 및 이해
정보전에 대한 이해	보안관제 관련 기술
보안감사에 대한 이해	물리적 보안과 기술적 보안의 융합보안
COBIT 4.0에 대한 이해	정보기술과 정보보호와의 융합보안
ISMS에 대한 이해	제반 산업분야로의 정보보호기술적용을 통한 융합보안
ITIL에 대한 이해	

* ISMS: Information Security Management System
* ITIL: Information Technology Infrastructure Library
* 물리적 보안: 출입통제, 시설보안 등
* 수리능력: 이산수학, 미적분학, 확률통계학 등

필요정도와 숙련정도에 있어 경력별로 유의한 차이를 보인 지식 및 기술 21개에 대해 그룹별 평균 및 순위를 비교·분석한 결과는 다음과 같다.

표 60. 경력별 지식 및 기술의 필요정도 순위

	그룹1(경력 3년 미만)	그룹2(경력 3년-7년)	그룹3(경력 7년 이상)
1	개인 프라이버시와 윤리에 대한 이해	경영기능에 대한 이해	개인 프라이버시와 윤리에 대한 이해
2	PC 보안 기술에 대한 이해	마케팅에 대한 기본 지식	시스템 구조 분석 능력
3	시스템 구조 분석 능력	개인 프라이버시와 윤리에 대한 이해	정보보호시스템 평가 및 인증에 대한 이해
4	정보보호시스템 평가 및 인증에 대한 이해	시스템 구조 분석 능력	정보시스템 설계 및 개발 능력
5	Cyber Law에 대한 이해	Cyber Law에 대한 이해	Cyber Law에 대한 이해
6	정보시스템 설계 및 개발 능력	PC 보안 기술에 대한 능력	PC 보안 기술에 대한 능력
7	물리적 보안과 기술적 보안의 융합보안	정보시스템 설계 및 개발 능력	보안 키 관리 기술
8	보안 키 관리 기술	정보보호시스템 평가 및 인증에 대한 이해	전자 서명 및 인증 기술
9	전자 서명 및 인증 기술	전자 서명 및 인증 기술	보안모듈 관련 지식 및 기술
10	보안모듈 관련 지식 및 기술	보안 키 관리 기술	이동통신 관련 기술

	그룹1(경력 3년 미만)	그룹2(경력 3년-7년)	그룹3(경력 7년 이상)
11	암호프로토콜 안전성 분석 기술	이동통신 관련 기술	물리적 보안과 기술적 보안의 융합보안
12	이동통신 관련 기술	보안모듈 관련 지식 및 기술	암호프로토콜 안전성 분석 기술
13	제반 산업분야로의 정보보호 기술적용을 통한 융합보안	암호프로토콜 안전성 분석 기술	무선 보안 기술
14	암호프토로콜 설계 기술	제반 산업분야로의 정보보호 기술적용을 통한 융합보안	암호프로토콜 설계 기술
15	임베디드 시스템에 대한 이해	물리적 보안과 기술적 보안의 융합보안	제반 산업분야로의 정보보호 기술적용을 통한 융합보안

표 61. 경력별 지식 및 기술의 숙련정도 순위

	그룹1(경력 3년 미만)	그룹2(경력 3년~7년)	그룹3(경력 7년 이상)
1	개인 프라이버시와 윤리에 대한 이해	개인 프라이버시와 윤리에 대한 이해	개인 프라이버시와 윤리에 대한 이해
2	PC 보안 기술에 대한 능력	시스템 구조 분석 능력	시스템 구조 분석 능력
3	시스템 구조 분석 능력	정보시스템 설계 및 개발 능력	정보시스템 설계 및 개발 능력
4	정보보호시스템 평가 및 인증에 대한 이해	PC 보안기술에 대한 능력	PC 보안기술에 대한 능력
5	정보시스템 설계 및 개발 능력	경영기능에 대한 이해	정보보호시스템 평가 및 인증에 대한 이해
6	물리적 보안과 기술적 보안의 융합보안	정보보호시스템 평가 및 인증에 대한 이해	보안 키 관리 기술
7	보안 키 관리 기술	전자 서명 및 인증 기술	전자 서명 및 인증 기술
8	전자 서명 및 인증 기술	보안 키 관리 기술	보안모듈 관련 지식 및 기술
9	보안모듈 관련 지식 및 기술	마케팅에 대한 기본 지식	이동통신 관련 기술
10	암호프로토콜 안전성 분석 기술	제반 산업분야로의 정보보호 기술적용을 통한 융합보안	물리적 보안과 기술적 보안의 융합보안

정보보호 전문인력은 주로 정보보호와 직접 관련된 지식 및 기술보다는 모든 업무에 필요한 일반적인 지식 및 기술들에 대한 필요정도가 높은 것으로 나타났다. 이는 정보보호 분야에 있어서도 업무에 필요한 필수적인 지식과 협업 능력이 무엇보다도 중요한 것으로 분석해 볼 수 있다.

제5절 정보보호 전문인력의 지식 및 기술에 대한 산업체와 교육기관의 관점

정보보호 전문인력의 업무 범위가 다양해진 만큼 전문인력이 갖추어야 할 지식 및 기술을 파악하고 상대적으로 산업체에서 중요시하는 지식 및 기술 항목을 선정하여 수요 지향적인 인재양성을 위한 방안을 제시할 필요가 있다. 이를 위해 유혜원・김태성(2009b)[85]은 산업체와 교육기관의 정보보호 전문인력을 대상으로 필요한 지식 및 기술 요구사항에 대해 분석하였다.

이를 위해, 전효정 등(2008)[86] 연구에서 제시한 정보보호 분야 지식 및 기술(55개)에 추가적으로 정보보호 분야 전문가 10명의 의견을 수렴하여 58개로 정리하고 이에 대해 산업체와 교육기관에 종사 중인 정보보호 전문인력을 대상으로 필요로 하는 정도와 숙련된 정도를 조사하였다. 이 조사를 통해 유혜원・김태성(2009b)은 산업체와 교육기관의 지식 및 기술에 대한 수준과 인식차를 비교 분석하고, 산업 현장에서 중요시하는 지식 및 기술 항목을 도출함으로써 전문인력의 주된 공급처인 교육기관이 급변하는 산업현장 수요에 맞는 인재를 양성할 수 있도록 방안을 제시하였다. 따라서 본 연구는 산업체와 교육기관 전문인력의 교육 및 재교육을 위한 자료로서 활용 가능하며, 수요 지향적인 인재 양성을 위한 교육 프로그램 수립에 기여할 수 있을 것이다.

본 연구에서 제시된 정보보호 분야 지식 및 기술은 58개이다.

85) 유혜원, 김태성, "정보보호 전문인력의 소요 지식 및 기술에 대한 산업체와 교육기관의 관점 비교", Information Systems Review, 11(2), 1-17, 2009.8b.
86) 전효정, 유혜원, 김태성, "정보보호 분야 직무별 필요 지식 및 기술 분석", Information Systems Review, 10(2), 253-267, 2008.8.

표 62. 정보보호 분야 지식 및 기술(58개, 2009.8)

의사소통 능력	ITIL에 대한 이해
원만한 대인관계능력	IT Governance에 대한 이해
리더쉽	사업지속성 관리에 대한 이해
직업윤리에 대한 이해	위험 관리(위험분석 및 평가) 능력
문서작성(워드프로세서 등) 능력	침해사고에 대한 대응 능력
발표(프리젠테이션) 능력	보안 취약점 분석 능력
경영기능에 대한 이해	정보보호시스템 평가 및 인증에 대한 이해
경영환경・목표・전략에 대한 이해	정보보호 표준에 대한 지식
경영문제진단과 해결대안 개발 능력	품질관리 및 품질보증에 대한 이해
프로젝트 관리에 대한 이해	물리적 보안에 대한 이해
프로젝트 관리자의 역할에 대한 이해	디지털 포렌식에 대한 이해
프로젝트 팀 내에서의 협업 능력	수리능력
프로그래밍 언어에 대한 이해	기초 암호학 이해 및 적용 능력
소프트웨어 공학에 대한 이해	무선 보안 기술
운영체제 구조에 대한 이해	보안모듈 관련 지식 및 기술
시스템 구조 분석 능력	보안 키 관리 기술
임베디드 시스템에 대한 이해	전자 서명 및 인증 기술
시스템 정합(interface) 기술에 대한 이해	암호프로토콜 안전성 분석 기술
정보시스템 설계 및 개발 능력	암호프로토콜 설계 기술
시스템 형상관리에 대한 이해	데이터베이스 보안기술에 대한 이해
네트워크 및 통신보안기술에 대한 이해	콘텐츠 보안기술에 대한 이해
인터넷 프로토콜에 대한 이해	서버 보안시스템 구축 능력
인터넷 기술 및 웹 사이트 관리 기술 이해	PC 보안 기술에 대한 능력
개인 프라이버시와 윤리에 대한 이해	애플리케이션 보안기술에 대한 이해
정보보호 관련 법률 및 규정에 대한 이해	생체인식기술에 대한 이해
정보전에 대한 이해	전자상거래 보안기술에 대한 이해
보안감사에 대한 이해	새로운 보안환경 분석 및 이해
COBIT 4.0에 대한 이해	보안관제 관련 기술
ISMS에 대한 이해	제반 산업분야로의 정보보호 기술 적용을 통한 융합보안

프로그래밍 언어: C++, JAVA 등
운영체제: 유닉스, 윈도우 등
ISMS: Information Security Management System
ITIL: Information Technology Infrastructure Library

물리적 보안: 출입통제, 시설 보안 등
수리능력: 이산수학, 미적분학, 확률통계학 등
새로운 보안환경: 웹2.0, IPv6 등

58개 지식 및 기술에 대하여 설문조사를 통해 산업체와 교육기관 각 그룹별로 유의한 차이를 보인 지식 및 기술 39개를 구분해 내었다. 결과적으로, 두 그룹 모두 원만한 대인관계능력을 비롯하여 네트워크 및 통신보안기술에 대한 이해, 개인 프라이버시와 윤리에 대한 이해, 정보보호 관련 법률 및 규정에 대한 이해, 보안 취약점 분석 능력, 시스템 구조 분석 능력 등에서 높은 필요정도를 나타냈다. 필요정도가 높은 지식 및 기술에 대하여 그룹별로 1순위부터 15순위까지 살펴보면 다음과 같다.

표 63. 그룹별(산업체 vs 교육기관) 지식 및 기술의 필요정도 순위 비교

순위	그룹1(산업체 전문인력)	그룹2(교육기관 전문인력)
1	원만한 대인관계능력	네트워크 및 통신보안기술에 대한 이해
2	네트워크 및 통신보안기술에 대한 이해	개인 프라이버시와 윤리에 대한 이해
3	문서작성(워드프로세서 등) 능력	정보보호 관련 법률 및 규정에 대한 이해
4	개인 프라이버시와 윤리에 대한 이해	보안 취약점 분석 능력
5	정보보호 관련 법률 및 규정에 대한 이해	시스템 구조 분석 능력
6	보안 취약점 분석 능력	위험관리(위험분석 및 평가) 능력
7	PC보안 기술에 대한 능력	침해사고에 대한 대응 능력
8	새로운 보안환경(웹2.0, IPv6 등) 분석 및 이해	보안 키 관리 기술
9	정보보호 표준에 대한 지식	전자서명 및 인증 기술
10	시스템 구조 분석 능력	원만한 대인관계능력
11	서버 보안 시스템 구축 능력	정보시스템 설계 및 개발 능력
12	위험관리(위험분석 및 평가) 능력	기초 암호학 이해 및 적용 능력
13	정보보호시스템 평가 및 인증에 대한 이해	정보보호시스템 평가 및 인증에 대한 이해
14	시스템 정합(interface) 기술에 대한 이해	정보보호 표준에 대한 지식
15	정보시스템 설계 및 개발 능력	데이터베이스 보안기술에 대한 이해

제 7 장
정보보호 교육체계의 개발

제7장 정보보호 교육체계의 개발[87)]

제7장에서는 정보보호인력 양성을 위한 국가적인 교육체계 확보를 위한 정보보호 교육체계 개발의 필요성과 개발 프로세스에 대해 살펴보고자 한다.

제1절 정보보호 교육체계 개발의 필요성

1. 국내 정보보호교육 현황

한국인터넷진흥원(KISA)이 국내 정보보호교육의 활성화를 위한 실행력 있는 정책과제 도출을 목표로 민간기업과 일반국민을 대상으로 2009년에 실시한 정보보호교육 실태조사 결과를 살펴보면 정보보호 교육체계 개발을 위한 연구의 필요성은 더욱 분명해진다.

87) 제7장은 한국인터넷진흥원의 “국가 정보보호 교육 프레임워크 개발” 연구를 중심으로 살펴보고자 한다.
- 한국인터넷진흥원, 국가 정보보호 교육 프레임워크 개발, 2009.

가. 민간기업 정보보호교육 현황

대상기업은 정보보호 전담조직 및 전담인력을 운영 중인 사업체이다. 우선, 정보보호교육을 시행하고 있다고 응답한 사업체는 57,978개사로 전체 대상기업 312,880개사 대비 18.5%에 불과하였다. 이는 인터넷 기반의 보안사고 및 산업기술유출의 위험성이 매우 높아지고 있는 현실 속에서도 민간기업에서의 정보보호교육의 필요성 및 중요성에 대한 인식은 매우 낮다는 것을 보여준다.

표 64. 정보보호 교육과 관련하여 정부에게 바라는 것

구 분	결 과
정보보호의 중요성 및 필요성에 대한 국민대상의 인식교육	18,992(32.8%)
국가 차원에서 정보보호 교육 컨텐츠/가이드라인 개발/보급	17,512(30.2%)
최신의 정보보호 교육 컨텐츠 등을 제공하는 정보보호 포털사이트의 운영 필요	6,167(10.6%)
국내 정보보호 전문자격증 취득을 독려하기 위한 인센티브 제도 마련	2,789(4.8%)
국가 차원에서 정보보호 교육을 총괄하여 전담하는 교육기관 개설 필요	3,961(6.8%)
정보보호 교육을 위한 교육비 지원 및 세제혜택이 필요	4,556(7.9%)
산업체가 요구하는 정보보호인력에 대한 수요 분석/제공	542(0.9%)
정규 교육과정(초/중/고 및 대학(원))에 정보보호 교육 의무화	2,254(3.9%)
기 타	1,205(2.1%)
총 합	57,978(100.0%)

정보보호교육의 방법은 정보보호교육을 시행하고 있는 것으로 응답한 사업체의 66.5%인 38,576개사가 자사내의 전문인력을 활용하여 자체적으로 실시하고 있는 것으로 나타났다. 정기적/비정기적 외부강사 초빙(응답업체의 8.2%), 공공기관 주최 외부교육참석(응답업체의 9.3%) 등에 대한 의존도가 매우 낮은 것으로 나타나, 외부 전문기관 및 전문자료의 활용도가 매우 낮은 것을 알 수 있다. 또한, 정보보호교육을 시행함에 있어 정부에게 가장 바라는 것은 정보보호의 중요성

및 필요성에 대한 국민대상의 인식교육을 강화하고 국가 차원에서 정보보호 교육 컨텐츠 및 가이드라인 등을 개발하여 보급해 주었으면 한다는 의견이 많았다.

정보보호 관련 전문기관이 운영하고 있는 교육 프로그램에 대한 인지도 및 활용도를 알아보기 위한 조사에서는 정보보호교육을 시행하고 있는 것으로 응답한 사업체의 25.9%인 15,042개사만이 정보보호 관련 전문기관이 운영하고 있는 교육 프로그램을 활용한 경험이 있거나 활용할 계획이 있는 것으로 나타났으며, 이 중 69.4%인 10,436개사가 한국인터넷진흥원의 e러닝시스템인 보호나라 및 정보보호기술온라인학습장을 활용한 적이 있거나 활용할 계획이 있는 것으로 나타났다.

표 65. 정보보호 관련 전문기관이 운영하고 있는 교육 프로그램을 활용한 적이 없거나 활용할 계획이 없는 이유

구분	결과
교육 프로그램에 대한 정보가 없어서	20,456(43.2%)
교육의 내용이 자사의 교육 정책과 맞지 않아서	12,291(25.9%)
내부 임원진 및 직원들의 호응을 얻지 못해서	2,633(5.6%)
기존에 시행중인 교육 프로그램과 차별성이 없어서	7,658(16.2%)
기 타	4,348(9.2%)
총 합	47,388(100.0%)

정보보호 관련 전문기관이 운영하고 있는 교육 프로그램을 활용한 적이 없거나 활용할 계획이 없다고 응답한 사업체의 많은 수가 그 이유로 교육 프로그램에 대한 정보가 없어서라고 응답해 기관의 정보보호 교육에 대한 홍보가 매우 부족한 것으로 나타났으며, 전문기관이 제시하고 있는 교육의 내용이 자사의 교육 정책과 맞지 않아서라는 응답이 매우 높게 나타났다.

표 66. 정보보호교육을 시행하고 있지 않거나 필요하지 않다고 생각하는 이유

구 분	결 과
정보보호의 중요성 자체에 대한 임원진들의 인식 부족	69,984(27.5%)
정보보호 교육의 필요성에 대한 임원진들의 인식 부족	57,076(22.4%)
정보보호 교육을 위한 예산 확보의 어려움	45,436(17.8%)
정보보호 교육을 위한 전문강사 및 교육위탁기관 확보의 어려움	14,715(5.8%)
정보보호 관련 업무를 아웃소싱하고 있어 내부인력에 대한 교육의 필요성이 없음	21,329(8.4%)
기 타	46,362(18.1%)
총 합	254,902(100.0%)

표 67. 정보보호 교육을 계획할 경우 선호하는 정보보호 교육의 방법

구 분	결 과
자사내의 전문인력을 활용하여 자체적으로 실시	86,350(33.9%)
정기적/비정기적 외부강사 초빙	34,889(13.7%)
온라인 컨텐츠 및 e러닝 프로그램 활용	64,472(25.3%)
외부교육참석 (공공기관)	52,497(20.6%)
외부교육참석 (학원 등 사설교육기관)	10,265(4.0%)
기 타	6,428(2.5%)
총 합	254,902(100.0%)

한편, 정보보호교육을 시행하고 있지 않거나 필요하지 않다고 응답한 사업체는 254,902개사로 전체 대상기업 312,880개사의 81.5%에 이르고 있는 것으로 조사되었다. 정보보호교육을 시행하고 있지 않거나 필요하지 않다고 인식하고 있는 이유로는 정보보호의 중요성 자체에 대한 임원진들의 인식 부족과 정보보호 교육의 필요성에 대한 임원진들의 인식 부족 문제가 가장 큰 원인으로 조사되었다.

향후, 정보보호교육을 계획할 경우 가장 선호하는 정보보호교육 방법으로는 자사내의 전문인력을 활용하여 자체적으로 실시하는 형태라고 응답하였으며, 온라인 컨텐츠 및 e러닝 프로그램을 활용하는 형태가 될 것이라는 의견도 많았다. 또한, 향후 정보보호교육을 계획할 경우 정부가 정보보호의 중요성 및 필요성에 대한 국민대상의 인식교육

을 적극적으로 수행해주면 좋겠다는 의견과 국가 차원에서 정보보호 교육 컨텐츠 및 가이드라인 등을 개발하여 제공해주었으면 한다는 의견이 많이 나타나, 이미 정보보호교육을 시행하고 있는 업체와 비슷한 결과를 보였다.

표 68. 정보보호 관련 교육과 관련하여 정부에게 바라는 점

구 분	결 과
정보보호의 중요성 및 필요성에 대한 국민대상의 인식교육이 필요	80,554(31.6%)
국가 차원에서 정보보호 교육 컨텐츠 및 가이드라인 등을 개발	66,591(26.1%)
최신의 정보보호 교육 컨텐츠 등을 제공하는 정보보호 포탈사이트 운영	33,905(13.3%)
국내 정보보호 전문 자격증 취득을 독려하기 위한 인센티브 제도 마련	8,254(3.2%)
국가 차원에서 정보보호 교육을 총괄하여 전담하는 교육기관 개설	21,006(8.2%)
정보보호 교육을 위한 교육비 지원 및 세제혜택이 필요	26,501(10.4%)
산업체가 요구하는 정보보호인력에 대한 수요를 분석하여 제공	3,247(1.3%)
정규 교육과정에 정보보호 교육을 의무화	10,862(4.3%)
기 타	3,982(1.6%)
총 합	254,902(100.0%)

2. 일반국민 정보보호교육 현황

조사 대상은 전국 13세~59세 월 1회 이상 인터넷 이용자로 하였다. 우선, 2008년 1년간 정보보호 관련 교육을 받은 경험이 있는가에 대해서 전체 응답자의 85.5%인 3,421명이 받은 적이 없는 것으로 나타나 주요 인터넷서비스 수요자인 일반국민들의 정보보호교육의 필요성 및 중요성에 대한 인식이 매우 낮음을 알 수 있다.

정보보호 관련 교육을 받은 경험이 있는 579명 중 44.7%가 오프라인 형태의 교육을 받았으며 38.9%가 온라인 형태의 교육을 받은 것

으로 조사되었으며, 전체 응답자의 84.3%가 대표적인 공공기관이 제공하는 정보보호교육을 위한 온라인학습장인 한국인터넷진흥원의 '보호나라' 및 '정보보호기술온라인학습장'에 대해 전혀 인지하고 있지 못한 것으로 나타났다. 또한, '보호나라' 및 '정보보호기술온라인학습장' 중 하나라도 알고 있다고 응답한 628명 중 70.2%인 441명이 알고는 있지만 이용한 경험은 전혀 없는 것으로 조사되었다.

'보호나라' 및 '정보보호기술온라인학습장'을 이용한 경험이 있다고 응답한 187명의 31%가 필요한(유용한) 교육 컨텐츠를 얻을 수 없었다고 응답하였으며, 20.9%가 최신의 교육 컨텐츠를 얻을 수 없었다고 응답하였다. 한편, 보호나라 및 정보보호기술온라인학습장을 이용한 경험이 없다고 응답한 441명에 대해 그 이유를 조사한 결과, 응답자의 36.7%가 정보보호에 대한 학습의 필요를 느낀 적이 없다고 응답하였으며, 29%가 해당 사이트가 운영되고 있는지 알지 못했다고 응답하여 일반국민의 정보보호교육에 대한 적극적인 의지가 거의 없는 것으로 파악된다.

표 69. 보호나라/정보보호기술온라인학습장에 대해 알고 있는가

구 분	모두 모른다	보호나라만 안다	정보보호기술 온라인학습장만 안다	모두 알고 있다	총 합
결 과	3,372명 (84.3%)	327명 (8.2%)	211명 (5.3%)	90명 (2.3%)	4000명 (100%)

표 70. 보호나라/정보보호기술온라인학습장 이용시 불편사항

구 분	결 과
없었다	57명(30.5%)
필요한(유용한) 교육 컨텐츠를 얻을 수 없었다	58명(31.0%)
최신의 교육 컨텐츠를 얻을 수 없었다	39명(20.9%)
동영상이나 이미지 자료보다 텍스트 위주로 구성되어 있어 흥미를 유도할 수 없었다	33명(17.6%)
총 합	187명(100%)

표 71. 보호나라/정보보호기술온라인학습장을 이용한 경험이 없는 이유

구 분	결 과
정보보호 자체에 대해 관심이 없다	53명(23.0%)
정보보호에 대한 학습의 필요를 느낀 적이 없다	162명(36.7%)
해당 사이트가 운영되고 있는지 알지 못했다	128명(29.0%)
정보보호 교육에 대한 전문적인 정보를 제공하지 못할 것으로 생각하였다	86명(19.5%)
기 타	12명(2.7%)
총 합	441명(100%)

그러나, 전체 응답자 4,000명 중 67%가 정보보호 관련 교육에 대해서는 필요하다고 인식하고 있는 것으로 조사되었다. 정보보호 관련 교육이 필요하다고 생각하는 이유는 무엇인지에 대한 조사에서는 정보보호 관련 교육이 필요하다고 응답한 2,682명 중 76.5%가 개인자산을 보호하기 위해서라고 응답하였으며, 11.3%는 정보보호 관련 법적 책임 및 권리를 이해하기 위해서라고 응답하였다. 교육방법에 대해서는 정보보호 관련 교육이 필요하다고 응답한 2,682명 중 40.1%가 국가 차원에서 운영하는 무료 온라인 학습장 이용을 34.5%는 학교 및 직장의 교육 프로그램 이용을 꼽았다. 교육내용에 대해서는 정보보호 관련 교육이 필요하다고 응답한 2,682명 중 56.2%가 정보보호에 대한 이해 및 중요성에 대한 인식교육을 24.4%는 기초적인 정보보호 기술의 구현을 위한 기술교육을 꼽았다.

표 72. 정보보호 관련 교육이 필요하다고 생각하는 이유

구 분	결 과
개인자산을 보호하기 위해	2,052명(76.5%)
정보보호 관련 법적 책임/권리를 이해하기 위해	304명(11.3%)
상식차원의 지식습득을 위해	210명(7.8%)
정보보호 분야 관련 자격증의 취득을 위해	114명(4.3%)
기 타	2명(0.1%)
총 합	2,682명(100%)

표 73. 정보보호 관련 교육의 방법

구 분	결 과
학교 및 직장의 교육 프로그램	926명(34.5%)
학회 및 관련기관의 워크샵 및 컨퍼런스	151명(5.6%)
사설학원 및 관련기관 교육 프로그램	122명(4.5%)
이러닝 전문기관의 온라인 교육 프로그램	389명(14.5%)
국가 차원에서 운영하는 무료 온라인 학습장 이용	1,075명(40.1%)
관련 대학(원) 진학 / 전공	17명(0.6%)
기 타	2명(0.1%)
총 합	2,682명(100%)

표 74. 정보보호 관련 교육의 내용

구 분	결 과
정보보호에 대한 이해 및 중요성에 대한 인식교육	1,508명(56.2%)
정보보호 관련 법제도에 대한 이해교육	305명(11.4%)
기초적인 정보보호기술의 구현을 위한 기술교육	654명(24.4%)
전문적인 정보보호기술의 구현을 위한 기술교육	122명(4.5%)
취업시/종사시 활용 가능한 정보보호 관리교육	69명(2.6%)
정보보호 관련 자격증 취득을 보조할 수 있는 교육	24명(0.9%)
기 타	2명(0.1%)
총 합	2,682명(100%)

표 75. 정보보호 관련 교육이 필요하지 않다고 생각하는 이유

구 분	결 과
어려운 분야라고 생각하기 때문에	195명(14.8%)
교육받더라도 실제로 활용할 수 없을 것 같아서	466명(35.4%)
기존 정보보호 시스템/서비스를 이용하는 데에는 어려움이 없기 때문에	347명(26.3%)
내가 교육받지 않더라도 충분히 보호되고 있기 때문에	123명(9.3%)
정보보호의 중요성을 모르겠어서	49명(3.7%)
충분히 많은 지식을 갖고 있기 때문에	126명(9.6%)
기 타	12명(0.9%)
총 합	1,318명(100%)

한편, 정보보호 관련 교육이 필요하지 않다고 생각하는 이유에 대해서는 정보보호 관련 교육이 필요하지 않다고 인식하고 있는 것으로 응답한 1,318명 중 35.4%가 교육받더라도 실제로 활용할 수 없을 것 같기 때문이라고 응답하였으며, 26.3%는 기존 정보보호 시스템/서비스를 이용하는 데에는 어려움이 없기 때문이라고 응답하였다.

정보보호교육과 관련하여 정부에게 바라는 점은 응답자 4,000명의 43.8%가 정보보호의 중요성 및 필요성에 대한 국민대상의 인식교육이 실시되어야 한다고 응답하였으며, 23.5%는 국가 차원에서 정보보호 교육 컨텐츠 및 가이드라인 등을 개발하여야 한다고 응답하였다.

표 76. 정보보호교육과 관련하여 정부에게 바라는 점

구 분	결 과
정보보호의 중요성 및 필요성에 대한 국민대상 인식교육	1,753명(43.8%)
국가 차원에서 정보보호 교육 컨텐츠/가이드라인 개발	939명(23.5%)
최신의 정보보호 교육 컨텐츠 등을 제공하는 정보보호 포탈사이트 운영	436명(10.9%)
국내 정보보호 전문 자격증 취득을 독려하기 위한 인센티브 제도 마련	123명(3.1%)
국가 차원에서 정보보호 교육을 총괄하여 전담하는 교육기관 개설	255명(5.6%)
정보보호 교육을 위한 교육비 지원 및 세제혜택이 필요	173명(4.3%)
산업체가 요구하는 정보보호인력에 대한 수요 분석/제공	65명(1.6%)
정규 교육과정에 정보보호 교육 의무화	260명(6.5%)
기 타	26명(0.7%)
총 합	4,000명(100%)

3. 정보보호 교육체계 개발의 필요성

정보보호의 사회기간인프라로서의 중요성 증대에도 불구하고, 본격적인 산업발전을 견인할 정보보호 전문인력 교육은 물론 국가 정보보호 수준을 높이기 위한 일반인 대상의 교육 모두 정책적 지원이 미비한 실정이다. 정보보호인력을 양성할 교육기관 및 전문 연구기관이 부족하며, 정보보호 관련 정책은 방송통신위원회, 행정안전부, 지식경제부 등 3개 부처별로 분할되어 추진되고 있어 체계적인 정보보호 교육 추진에도 어려움을 초래하고 있다.

또한, 현재의 정보보호교육은 주로 기업체 종사자를 상대로 이루어지고 있기 때문에 '전문인'만을 교육의 대상으로 한다는 한계가 있다. 정보보호실태조사(기업편)[88]에서는 교육대상을 CEO, 정보보호 책임자급, 개인정보보호 관리자, IT 및 정보보호 실무자, 컴퓨터를 사용하는 일반직원 등으로 구분하고 있으며, 정보보호실태조사(개인편)[89]에서는 교육현황에 대한 조사를 실시하지 않고 있다. 또한, 정보보호 교육내용은 '정보보호 인식 및 관리'로서 대상이 정보보호 전문가라는 것을 전제로 하고 있다. 현재 실시하고 있는 교육은 대부분 정보보호 관련 기술 및 관리방법에 집중되고 있으며, 정보보호 실태조사(기업편)에서도 '정보보호 인식 및 관리'의 교육여부에 대해서만 조사하고 있다.

앞서 살펴본 바와 같이 국내 민간기업 및 일반국민들도 정보보호 교육의 필요성은 높이 인식하고 있지만 실질적으로 실행에는 옮겨지지 못하고 있는 것으로 파악되고 있는 것에서만 보아도 국가 차원에서의 적극적이고 주도적인 정보보호교육을 위한 실행체계가 확립되어야 할 것이며, 이를 일반국민에게까지 확대할 필요성은 충분하다. 정보보호 교육체계의 개발은 이를 위한 시발점이 될 것이며 그 근간이 될 것으로 기대된다.

---

88) 한국정보보호진흥원, 2008 정보보호 실태조사: 개인편, 2008.
89) 한국정보보호진흥원, 2008 정보보호 실태조사: 기업편, 2008.

제2절 정보보호 교육체계 개발의 목적

1. 교육체계 개발의 목적

잘 훈련된 정보보호인력을 확보하여 산업발전을 이끄는 것도 중요하지만, 국가의 정보보호가 시스템의 구축이나 전문인력의 노력만으로 달성될 수 없다는 점을 감안한다면 전국민 대상의 맞춤형 정보보호 교육을 위한 기반을 마련하는 것이 무엇보다도 시급하다.

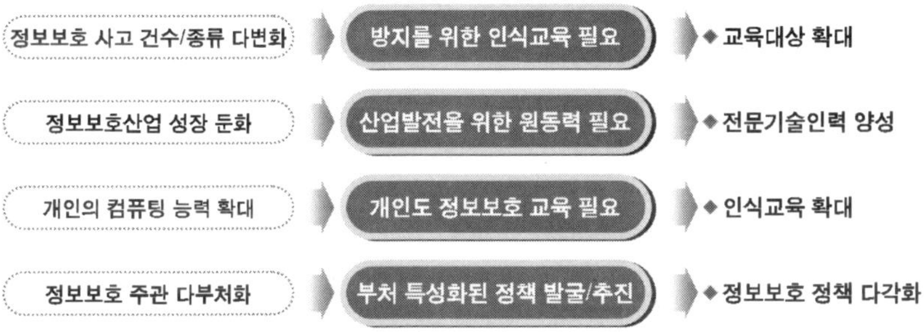

그림 14. 정보보호 교육체계 개발의 목적

정보보호 교육체계는 궁극적으로 정보보호인력에 대한 수요에 기반한 인력양성을 위한 교육 프로그램을 개발하고, 교육 프로그램에 기반한 보다 실질적인 인력양성 정책을 제시하는 데에 목적이 있다. 즉, 정보보호 교육체계에 기반한 전문인력에서부터 일반국민에 이르기까지의 국가적인 교육체계를 확립함으로써 국가 정보보호 수준을 향상시키고 정보강국으로서의 국제적인 위상을 공고히 할 수 있을 것으로 기대된다.

2. 교육체계 개발 프로세스

정보보호 교육체계의 개발은 우선 교육의 대상, 내용, 주체 등을 기준으로 한 교육 매트릭스의 구성에서부터 출발할 수 있다. 이렇게 교육 매트릭스를 개발하면 각 매트릭스별로 교육내용 즉 교육 프로그램을 구성하면 된다. 다음으로는 이렇게 구성된 교육 매트릭스 및 매트릭스별 교육 프로그램의 실행을 위한 정책방향(교육의 비전 및 전략)을 설정하고 실질적인 액션플랜을 짜 맞추게 되면 전반적인 정보보안 교육체계를 완성하게 된다.

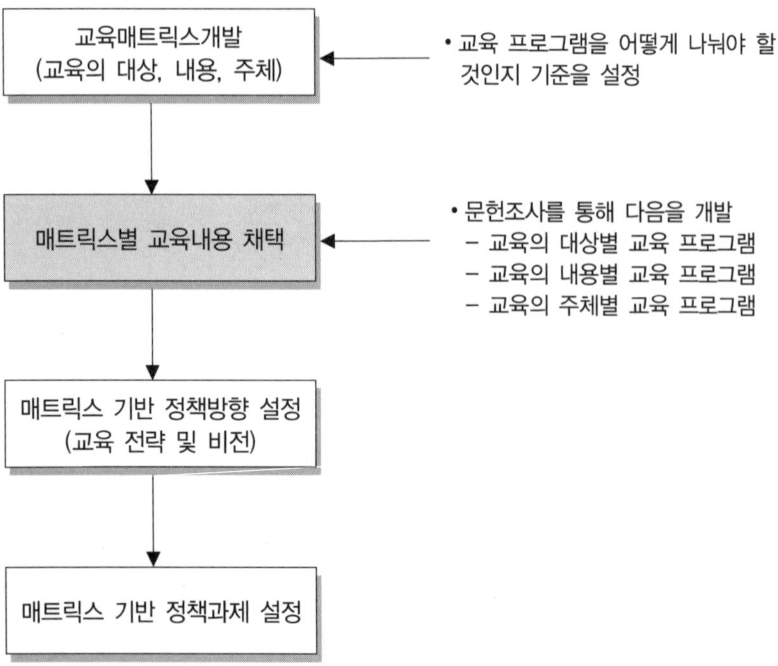

그림 15. 교육 매트릭스 개발 프로세스

제3절 정보보호 교육체계

1. 단계 1: 교육 매트릭스 구성

정보보호 교육 프레임워크 개발을 위한 매트릭스는 3가지 기준에 의해 구성될 수 있다. 첫 번째 기준은 대상인데, 정보보호 교육에 있어 그 대상은 일반국민, 산업종사자, 정보보호 전문인력으로 나눌 수 있다. 일반국민은 전연령층의 단순하고 보편적인 웹사용자이며, 산업종사자는 일반 기업체 종사자이면서 단순한 시스템 사용자 및 관리자와 정보보호 및 관련학과 전공자로서의 학생으로 정의할 수 있으며, 마지막으로 정보보호 전문인력은 정보보호 전문인력으로서 고급 수준의 정보보호 직무를 수행할 수 있는 인력을 말한다. 두 번째 기준은 교육내용이다. 교육내용은 정보보호에 대한 전문성 및 기술성의 정도에 따라 인식교육, 소양교육, 기술교육으로 나눌 수 있다. 세 번째 기준은 교육수단이다. 크게 온라인과 오프라인으로 나눠볼 수 있는데, 온라인 교육은 e러닝시스템을 이용한 온라인 상에서의 비소집 교육이며, 오프라인 교육은 전문가초빙, 사설교육기관방문 등을 통한 소집교육이다.

교육대상과 교육내용을 매트릭스로 구성하는 것은 대상별로 특화된 내용을 교육함으로써 더 큰 시너지 효과를 얻을 수 있을 것으로 기대할 수 있기 때문이다. 같은 맥락에서, 교육 대상별로 전문화된 교육프로그램을 구성할 수도 있고 교육 컨텐츠를 확보할 수도 있다.

현재 제시된 매트릭스에 대한 설명력을 확보하기 위해서는 향후 각 교육대상별로 상세한 교육내용에 대한 수요조사를 실시하여 반영할 필요가 있다. 교육내용에 대한 수요조사는 교육주제를 중심으로 각 교육대상별 특성을 반영한 교육체계 마련을 위한 기본조사가 될 것이다.

표 77. 정보보호 교육 매트릭스 구성을 위한 기준

구 분		내 용	소속	전문성
대상	일반국민	전연령층의 단순하고 보편적인 웹사용자	개인	하
	산업종사자	단순한 시스템 사용자 및 관리자와 정보보호 및 관련학과 전공자로서의 학생	개인/기업	중
	정보보호 전문인력	고급 수준의 정보보호 직무를 수행할 수 있는 인력	기업	상/중
내용	인식교육	정보보호의 중요성 및 필요성 등에 대한 기초 교육	개인	하
	소양교육	정보보호의 대상, 방법, 피해사례 및 대처방법 등 활용에 대한 기본 교육	개인	중
	기술교육	정보보호를 위한 방법에 대한 구체적인 전문적 기술지식에 대한 기술 교육	기업	상/중
수단	온라인	e러닝시스템을 이용한 온라인 상에서의 비소집 교육	개인	하
	오프라인	전문가초빙, 사설교육기관방문 등을 통한 소집교육	개인	상/하

2. 단계 2: 매트릭스 기준별 교육내용 채택

교육 매트릭스를 구성하는 궁극적인 목적은 교육대상별 맞춤형 교육·훈련 프로그램을 제시하는 것이다.

표 78. 정보보호 교육 매트릭스

교육대상 \ 교육내용		전문 기술교육 (기술개발 중심)	기본 소양교육 (기술활용 중심)	기본 인성교육 (일반인성 중심)
① 일반국민	초/중/고등학생(비전공)			◎
	고등학생(전공)		◎	◎
	대학생 이상(비전공)			◎
② 산업종사자	단순 시스템 사용자(비전공)		◎	◎
	단순 시스템 관리자(비전공)		◎	
	대학(원)생 이상(전공)	◎	◎	
③ 정보보호 전문인력	정보보호 개발자	◎		◎
	정보보호 서비스 제공자	◎	◎	◎
	정보보호 관리자		◎	◎

* 시스템 : 산업체에서 운영중인 정보보호 및 정보시스템, 응용프로그램(그룹웨어, 메일 등)

가. 일반국민 대상 교육

일반국민은 크게 초/중/고등학생(비전공), 고등학생(전공; 실업계), 대학생 이상(비전공)으로 구분할 수 있다. 일반국민 대상의 교육내용은 개인정보 및 타인/타조직 정보의 보호의 필요성에 대한 교육 등 정보보호의 중요성 및 필요성에 대한 일반인성 중심의 기본 인성교육이 주된 내용이며, 일반인 수준에서 정보보호를 위해 취할 수 있는 기본적인 행동방법 및 인식내용에 대해 교육하는 것을 목표로 한다. 교육방법은 일반국민들이 시간이나 장소에 구애됨 없이 접근할 수 있도록 하기 위해 온라인상의 e러닝시스템(정보보호 교육용 정부포탈)의 구축 및 활용을 통한 온라인교육이 적당하다.

표 79. 일반국민 대상 기본 인성교육 예시

교육명 및 교육내용	교육 시간	교육 난이도	교육대상	교육 방법
① 생활속의 정보보호 • 일상 생활속에서의 정보보호를 위한 실천방법 교육(간단한 PC 보안 관리 등)	없음	하	일반국민 모두	정보보호 교육 포털 사이트 (e-러닝)
② 정보보호는 왜 필요한가 • 정보보호의 대상, 효과적인 정보보호의 결과 등 교육	3 시간	중	고등학생(전공), 대학생 이상(비전공)	
		하	초/중/고등학생(비전공)	
③ 나도 할 수 있어요, 실천하는 정보보호 • 일반 업무생활 및 일상생활에서 실천 가능한 정보보호 방법에 대한 교육	3 시간	중	고등학생(전공), 대학생 이상(비전공)	
	20 시간	하	초/중/고등학생(비전공)	

나. 산업 종사자 대상 교육

산업 종사자는 크게 비전공의 단순 시스템 사용자 및 관리자와 전공의 대학(원)생 이상인 자로 구분할 수 있다. 단순 시스템 사용자 및 관리자는 정보보호를 주업무로 하지 않으면서도 일상적으로 PC 및 인터넷을 많이 이용하면서 조직내의 주요한 정보를 다루는 업무를 하는 인력으로서 정보보호를 위한 전문적인 조치를 취할 수는 없지만 기본적인 정보보호 기능을 구현할 줄 아는 인력을 말한다. 대학(원)생 이상의 정보보호 전공자들도 정보보호를 위한 전문적인 기술능력을 지니지는 않았지만 기본 교양 수준 이상의 정보보호 기능을 구현할 줄 아는 초급 수준의 정보보호 인력을 말한다.

산업 종사자 대상의 교육내용은 조직 내에서 단순한 수준의 정보보호를 위한 직무를 수행할 수 있는 수준의 교육이 주된 내용이다. 무엇보다도, 산업 종사자 대상의 교육은 정보보호에 대한 기본적인 소양을 훈련시키기 위한 인식교육이 주가 되어야 한다.

그러나, 일반 단순한 산업 종사자 중에서도 정보보호 전문업체 및 정보보호 업무를 일부 담당하는 종사자에 대해서는 기술교육의 일부인 관리교육이 이루어져야 한다. 여기에서의 관리교육은 조직내 정보보호 정책에 잘 따를 수 있고 전체적인 정책적 목표를 달성하는데 도움이 되는 정도의 교육이다.

산업 종사자 대상의 인식교육은 정보보호의 대상과 정보보호의 효과를 설명할 수 있는 교육이나 정보보호 피해사례를 통해 본 정보보호의 중요성 등 직간접적인 정보보호의 효과 등에 대한 교육 프로그램의 개설 및 운영이 가능하며, 추가적으로 생활속의 정보보호 등과 같은 생활 밀착적인 정보보호 실천교육이 필요하다.

표 80. 산업 종사자 대상 기본 소양교육 및 인성교육 예시

교육명 및 교육내용	교육 시간	교육 난이도	교육대상	교육방법
① 생활속의 정보보호 • 일상 생활속에서의 정보보호를 위한 실천방법 교육(간단한 PC 보안 관리 등)	없음	하	산업종사자 모두	포털 사이트 개설
② 김대리가 본 정보보호 • 정보보호의 대상, 정보보호의 효과 등에 대한 교육	3 시간	하	단순 시스템 사용자 및 관리자	소집교육 (공공기관)
③ 정보보호 침해사고로 본 정보보호 • 정보보호 침해사고로 인한 국가적/산업적 피해에 대한 인식 교육	3 시간	중	단순 시스템 사용자 및 관리자	사내교육 (산업체)
	20 시간	하	산업종사자 모두	e-러닝
④ 실천하는 정보보호 • 업무생활 및 일상생활에서 실천 가능한 정보보호 방법에 대한 교육	3 시간	중	단순 시스템 사용자 및 관리자 (비전공)	소집교육 (공공기관)
	20 시간	하	산업종사자 모두	e-러닝

산업 종사자에 대한 기술교육은 조직내 정보보호 정책에 잘 따를 수 있고 전체적인 정책적 목표를 달성하는데 도움이 되는 정도의 중/하 수준의 정보보호 기술 및 관리기법에 대한 교육이 필요하다. 교육방법은 산업체 자체적인 사내교육이 가능하며, 조직 내외에서의 온라인 교육 프로그램에의 등록으로 훈련 가능하다. 궁극적으로는, 정부주도의 정보보호 교육 포털사이트 개설을 통해 정보보호에 관심있는 일반 국민과 일반 산업체 종사자들의 이해를 돕는 방법도 강구해야 한다.

표 81. 산업 종사자 대상 전문 기술교육 예시

<table>
<tr><th>교육명 및 교육내용</th><th>교육
시간</th><th>교육
난이도</th><th>교육대상</th><th>교육방법</th></tr>
<tr><td rowspan="3">① 정보보호 법/제도 이해하기
• 정보보호를 위한 법 및 제도 전반에 대한 이해를 돕기 위한 교육
• 개인정보보호를 위한 인식교육 및 관련 법/제도에 대한 이해를 돕기 위한 교육</td><td>20
시간</td><td>상</td><td>단순 시스템
관리자</td><td>사내교육
(산업체)</td></tr>
<tr><td>40
시간</td><td>중</td><td>단순 시스템
사용자</td><td>e-러닝</td></tr>
<tr><td>없음</td><td>하</td><td>산업종사자
모두</td><td>포털
사이트
개설</td></tr>
<tr><td rowspan="2">② 기업 정보보호를 위한 전략수립 및 사례 연구
• 정보보호를 위한 전사적인 전략수립 방법 및 운영 능력 교육
• 정보보호 전략 운영 국내/외 사례교육</td><td>6
시간</td><td>중</td><td rowspan="2">단순 시스템
사용자 및
관리자</td><td>사내교육
(산업체)</td></tr>
<tr><td>6
시간</td><td>상</td><td>소집교육
(공공기관)</td></tr>
<tr><td rowspan="2">③ 정보보호 침해사고로 본 정보보호
• 정보보호 침해사고의 유형과 유형별 기술적/관리적 대처방안에 대한 교육</td><td>3
시간</td><td>중</td><td>단순 시스템
사용자 및
관리자</td><td>사내교육
(산업체)</td></tr>
<tr><td>20
시간</td><td>하</td><td>산업종사자
모두</td><td>e-러닝</td></tr>
</table>

다. 정보보호 전문인력 대상 교육

정보보호 전문인력은 크게 정보보호 개발자, 정보보호 서비스 제공자, 정보보호 관리자로 구분할 수 있다. 정보보호 개발자는 정보보호

제품 및 서비스를 개발하는 전문적인 연구인력을 말하며, 정보보호 서비스 제공자는 정보보호의 제품 및 서비스의 구현을 위한 지원인력을 말한다. 마지막으로 정보보호 관리자는 조직의 전사적인 정보보호의 구현을 위한 정보보호 관리자[90] 및 일반 조직업무 수행시 발생하는 정보보호를 위한 조치를 취하는 일반 관리자를 포함한다.

정보보호 전문인력에 대한 인식교육은 정보보호의 대상과 적절한 정보보호를 위한 조치를 취했을 때의 효과를 설명할 수 있는 정보보호란 무엇인가, 정보보호 침해사고 사례로 본 정보보호의 중요성 등에 대한 교육 프로그램의 개설 및 운영이 가능하다.

무엇보다도 정보보호 전문인력 대상의 교육내용은 정보보호 관련 제품 및 서비스를 개발 및 제공할 수 있는 수준의 전문적인 기술교육이 주된 내용이 되어야 한다.

표 82. 정보보호 전문인력 대상 기본 소양교육 및 인성교육 예시

교육명 및 교육내용	교육 시간	교육 난이도	교육대상	교육방법
① 김대리가 본 정보보호 • 정보보호의 대상, 정보보호의 효과 등에 대한 교육	3 시간	하	정보보호 전문인력 모두	소집교육 (공공기관)
② 정보보호 법/제도 이해하기 • 정보보호를 위한 법 및 제도 전반에 대한 이해를 돕기 위한 교육 • 개인정보보호를 위한 인식교육 및 관련 법/제도에 대한 이해를 돕기 위한 교육	20 시간	상	정보보호 관리자	사내교육 (산업체)
	40 시간	중	정보보호 개발자	e-러닝
	없음	하	정보보호 전문인력 모두	포털 사이트 개설
③ 기업 정보보호를 위한 전략수립 및 사례 연구 • 정보보호를 위한 전사적인 전략 수립 방법 및 운영 능력 교육 • 정보보호 전략 운영 국내/외 사례교육	6 시간	중	정보보호 전문인력 모두	사내교육 (산업체)
	6 시간	상	정보보호 관리자	소집교육 (공공기관)

90) 예: 최고개인정보보호책임자, 최고정보보호책임자 등

표 83. 정보보호 전문인력 대상 전문 기술교육 예시

교육명 및 교육내용	교육 시간	교육 난이도	교육대상	교육 방법
① 정보보호 학과 • 정보보호 개론 및 응용 • 시스템 보안 및 네트워크 보안 • 암호화와 해킹 및 포렌식 기법 • 정보보호정책 • 정보시스템 보안 및 감사	4년제/ 석사 및 박사	상	정보보호 전문인력 모두	전공 및 특수 대학원
② 정보보호 연계전공 • 경영대학(원) : 정보보호정책 수립 및 운영, 전략수립 및 운영 등의 관리교육 • 법학대학(원) : 정보보호 법/제도 준수, 정보보호 침해사고 전문교육	연계 전공 및 교양 교육	중	정보보호 전문인력 모두	연계 전공
③ IT/IS 취약점 분석 및 대응 • 정보통신과 정보시스템의 보안 취약점을 분석하고 대응방안 수립/운영능력 교육	18시간	상	정보보호 개발자	사내교육 (산업체)
	40시간	상	정보보호 관리자	e-러닝
④ 정보보안시스템을 이용한 정보보호 • 조직내 정보보호를 위한 정보시스템 운영 및 관리 방안에 대한 교육	18시간	상	정보보호 관리자	사내교육 (산업체)
	40시간	상	정보보호 개발자	e-러닝
⑤ 기업 정보보호를 위한 전략수립 및 사례 연구 • 정보보호를 위한 전사적인 전략 수립 방법 및 운영 능력 교육 • 정보보호 전략 운영 국내/외 사례교육	3시간	중	정보보호 서비스 제공자	소집교육 (센터)
	18시간	상	정보보호 관리자	사내교육 (산업체)
	40시간	상	정보보호 개발자	e-러닝

이때, 중요한 것은 정보보호 전문인력을 대상으로 한 교육은 정보보호에 대한 기본적인 소양을 훈련시키기 위한 인식교육과 기술 및 관리적인 전문지식을 훈련시키기 위한 전문교육이 골고루 이루어질 수 있도록 해야 한다는 것이다. 정보보호 전문인력에 대한 기술교육은 정보보호 전문교육과 관리교육으로 구성될 수 있는데, 기술교육은

정보보호를 위한 기술적 수단에 대한 지식과 활용기술에 대한 교육을 주된 내용으로 하며, 관리교육은 사내 정보보호 관리를 위한 실무 중심의 정보보호 관리수단에 대한 교육을 주된 내용으로 한다.

전문인력에 대한 기술교육은 IT/IS 취약점 분석 대응, 정보보안시스템을 이용한 정보보호, 정보보호를 위한 전략수립 및 사례연구 등의 기술적·관리적 능력 훈련을 위한 교육 프로그램의 개설 및 운영이 가능하다.

3. 단계 3: 매트릭스 기반 정책방향 설정

정보보호 교육 및 훈련 프레임워크의 개발을 위한 전략과제 도출의 기준은 첫째로는 정보보호강국 실현을 위해 전국민이 정보보호 수호자가 될 수 있도록 교육·훈련할 수 있는 교육체계를 확립할 수 있어야 한다는 것이며, 둘째로는 정보보호강국의 실현을 뒷받침할 정보보호산업의 발전을 주도할 정보보호 전문인력을 훈련할 수 있는 국가 차원의 정보보호 교육체계를 마련한다는 것이다.

이러한 기준에 따라 도출된 정보보호 교육·훈련 프레임워크를 개발하는 목표는 '전국민 대상의 맞춤형 정보보호 교육'이다. 국민 모두가 국가와 산업과 개인을 위한 정보보호를 생활화할 수 있도록 하는 것이다.

이 목표를 달성하기 위해서는 크게 세 가지의 전략을 통해 접근해야 한다.

첫째는 홍보활동 확대로 전국민의 정보보호 인식을 강화하는 것이다. 국민 모두가 국가와 개인을 위해 정보보호가 필요하다는 점을 높이 인식할 수 있도록 하는 것이다. 둘째는 전문 교육체계 도입을 통한 인적역량을 확대하는 것이다. 정보보호 산업의 발전과 국가적인 정보보호 수준의 제고를 위해서는 무엇보다도 전문성 있는 정보보호 인력을 교육 및 훈련하여야 한다. 셋째는 국가 차원의 정보보호 교육을 위한 표준 교육체계를 확보함으로써 보다 안정적이고 포괄적으로 정보보호 인력을 확보할 수 있는 방안을 마련하는 것이다.

표 84. 정보보호 교육 3대 전략 및 세부 추진과제

3대 전략	세부 추진과제	관련 부처
홍보활동 확대로 전국민 정보보호 인식 강화	① 정보보호 홍보자료 제작 및 배포	행안부, 방통위
	② 초/중/고 정보보호 교육 담당자 양성 – 정보보호 교육을 위한 전임교원 양성(교원 자격시험에 정보보호 교육 추가 등)	지경부, 교과부
	③ 네티즌 정보보호 교육 요원 양성 – 네티즌의 자율적인 정보보호 교육기반 확보	지경부, 방통위
	④ 정보보호 교육포탈 개설·운영 – 정부 주관의 정보보호 교육포탈 운영(개인 및 사업자의 정보보호 인식수준 평가, 일반 교육자료 무료 제공 등)	지경부, 방통위
전문 교육체계 도입 통한 인적역량 확대	⑤ 산업체 종사인력(정보보호, 非정보보호) 재교육 강화 – 타 분야 인력의 정보보호로의 전환 유도 – 정보보호인력의 정보보호 전문지식 강화	지경부, 교과부
	⑥ 정보보호 자격제도 정비 및 신설	지경부, 교과부
	⑦ 정보보호 교육전문가 양성	지경부, 교과부
표준 교육체계 확보로 안정적인 인력 확보	⑧ 대학(원) 정보보호 전공 설치 확대 – 고급 정보보호인력 양성 확보 – 학과간 연계전공 및 특수과정 형태로도 개설	지경부, 교과부
	⑨ 정보보호 표준 교재 및 교안 개발	지경부, 교과부
	⑩ 정보보호 자격유지 위한 교육 전문화 – 정부 주관 자격제도의 품질관리를 위한 정보보호 자격유지 교육 실시(소집교육)	행안부, 지경부

4. 단계 4: 매트릭스 기반 세부 교육정책과제 설정

가. 홍보활동 확대로 전국민 정보보호 인식 강화

전국민에 대한 정보보호의 중요성 및 필요성에 대한 인식을 강화하기 위해서는 무엇보다도 국가 차원에서의 적극적인 홍보전략이 마련되어야 한다. 첫째로, 정보보호 홍보자료의 제작 및 배포가 필요하다. 정보보호 홍보자료는 산/학/연/관의 정보보호 기술 및 관리 부문의 전문가들의 협조아래 국가 차원에서 통합적으로 이루어져야 할 것이다. 향후, 홍보자료를 바탕으로 정보보호 교육을 위한 표준 교재 및 교안의 개발도 진행할 수 있다. 둘째로, 초/중/고에서의 체계적이고 포괄적인 정보보호 인식교육을 위해서는 정기적인 정보보호 교육 이외에도 정보보호 교육 담당자의 양성이 필요하며, 교원 자격시험에 정보보호 교육에 관한 내용을 추가하는 방안도 추진 가능하다. 셋째로, 일반 네티즌을 대상으로 정보보호 교육 요원을 양성하는 것도 필요하다. 이는 네티즌 스스로가 자발적으로 정보보호 환경을 조성하는 가장 합리적인 방법이 될 수 있을 것이다. 넷째로, 정부 차원의 정보보호 교육포탈의 개설 및 운영이 필요하다. 포탈의 운영을 통해 국민 모두가 보다 쉽고 빠르게 정보보호의 방법 및 정보보호의 필요성 등에 대한 컨텐츠를 구할 수 있고 통합적인 교육도 받을 수 있도록 하는 e-러닝시스템의 통합구현도 필요하다.

- 정보보호 홍보자료의 제작 및 배포
  - 정보보호 인식 강화를 위한 홍보자료를 주기적으로 제작 및 배포하여야 한다. 정부주도의 정보보호에 대한 인식제고를 위한 홍보자료를 제작하고 무료로 배포함으로써 민간 사설 교육기관 및 산업체가 자체 교육 및 인식제고를 위해 활용할 수 있는 기반을 마련할 수 있다. 궁극적으로는 일반국민 전체의 정보보호에 대한 인식을 강화하게 됨으로써 국가의 전반적인 정보보호 수준을 향상시킬 수 있을 것으로 기대할 수 있다. 홍보자료 제작에는 산/학/연/관의 전문가들이 참여하도록 하여 각 필드가

원하는 수준과 내용의 자료를 담을 수 있어야 하며, 교육대상별로 다양한 수준별로 제작하여야 한다. 정보보호 홍보자료는 전문적인 정보보호 교육을 위한 표준 교재 및 교안 개발의 시초가 될 수 있다.

- 초/중/고 정보보호 교육 담당자 양성
  - 학교 내에서 학생들의 정보보호 인식제고를 위한 보안교육을 담당하는 교원을 정보보호 교육 담당자로 지정하고 정부 차원에서 정기적인 소집교육 및 안내를 하는 방법으로 시작할 수 있으며, 발전되면 컴퓨터 및 전산담당 교원의 임용고시에 정보보호 부분을 별도로 추가하도록 하여 선별하거나 아예 정보보호 전공자를 컴퓨터 및 전산담당 교원으로 선발하는 방법이 가능할 것이다.
  - 이와 함께, 정보보호 교육 담당자가 정보보호에 대한 전문능력이 있음을 인증할 수 있는 인증제도도 도입할 수 있다. 인증제는 해당 교원들의 정보보호 지식을 평가하고 일정한 시간 이상의 경력년수를 인정해주는 제도라 할 수 있다. 궁극적으로는 인증제를 정보보호 자격제도와 연계함으로써 일정한 수준의 인증을 받은 인력은 다시 일정한 수준의 자격제도를 취득하였음을 인증해주는 것도 필요하다.

- 네티즌 정보보호 교육 요원 양성
  - 일반 네티즌들을 대상으로 하여 정보보호 교육 요원으로 양성하여 정보보호 교육의 생활화를 위해 활용하는 것이다. 일반 블로그 및 커뮤니티 활동에서 정보보호와 관련된 컨텐츠를 널리 보급하거나 일반 네티즌들의 물음에 답하는 활동을 주기적으로 실시할 수 있는 자발적인 교육 요원을 양성하여 활용할 수 있다.
  - 정부 개설의 정보보호 교육 포탈 및 공공기관에서의 정보보호 교육 프로그램(온라인)에 참여해 일정한 시간을 이수한 네티즌들에 대해 전공 및 나이를 불문하고 정보보호 교육 요원임을

인증해주는 제도를 운영하는 것이다.

- 정보보호 교육포탈 개설·운영
  - 공신력 있는 정부기관(국가정보원, 한국인터넷진흥원 등) 주도로 정보보호 교육 포탈사이트를 개설하여 운영하는 것이다. 이 포탈사이트를 통해 국민들의 정보보호에 대한 관심을 유도할 수 있을 것이며, 산업체나 사설 교육기관에서는 교육 컨텐츠를 확보할 수 있는 공급처로 활용할 수 있을 것이다. 무엇보다도 정보보호 교육 포탈사이트를 정보보호 기술 및 관리방법 등에 대한 공신력있는 자료의 집합소로 활용할 수 있다는 점에서 매우 시급히 필요하며, 이에 대한 적극적인 홍보도 수반되어야 한다. 또한, 정보보호 교육 포탈사이트를 또 하나의 e러닝시스템 및 사이버교육센터로 활용할 수 있을 것이며, 사이트 내에서의 간단한 수준의 정보보호 조직 및 담당자들에 대한 개인 및 조직의 정보보호 수준을 진단할 수 있는 부가서비스도 제공할 수 있을 것이다.

나. 전문 교육체계 도입 통한 인적역량 확대

전문 교육체계 도입을 통한 인적역량의 확대를 위해서는 첫째로 산업체 종사인력(정보보호, 非정보보호)에 대한 재교육을 강화해야 한다. 정보보호 분야는 수시로 새로운 기술과 새로운 유형의 침해사고가 발생하므로 이에 대한 최신의 정보보호를 위한 상시적인 교육체계를 마련하여야 한다. 둘째로, 정보보호 자격제도를 정비하여야 한다. 보다 활용도 높은 정보보호 자격제도의 마련을 위해 수시로 자격제도에 대한 수요를 분석하고 필요한 보수교육을 강화하여야 한다. 셋째로, 정보보호 교육전문가를 양성하여야 한다. 산업체 대부분이 자체의 인력을 활용하여 정보보호교육을 실시하고 있다는 점에서 이러한 인력에 대한 국가 차원에서의 전문적인 정보보호 교육방법에 대한 교육 및 훈련이 필요하다.

- 산업체 종사인력에 대한 재교육 강화
  - 정보보호에 대해 이미 많은 교육을 받았거나 현장실습을 한 정보보호 전문인력에 대해 최신의 정보보호 기술 및 관리기법 등에 대해 주기적으로 재교육하기 위한 제도를 마련하는 것이다. 정보보호 분야는 빠른 속도로 기술이 출현하고 그에 대한 침해사고가 수시로 발생하기 때문에 정기적인 기술교육이 반드시 수반되어야 한다. 따라서, 현재 정보보호 분야의 전문인력(정보보호 산업체 종사인력 및 주직무 수행인력) 및 일반 산업체 종사인력(정보보호를 부수업무로 수행하는 인력 및 업무에 일부 활용하는 인력)에 대하여 산업체의 자발적인 교육기회 부여 및 공공기관에서의 의무적인 교육시행 등의 방법을 통해 교육할 수 있다.

- 정보보호 자격제도 정비 및 신설
  - 현재 정보보호 분야의 전문성을 평가할 수 있는 자격제도는 '정보보호 전문가(SIS)'와 CISA/CISSP 정도이다. 정보보호 분야의 자격제도를 정비하고 신설하여야 하는 이유는 정보보호 분야의 전문성을 인정할 수 있는, 즉 정보보호 분야의 전문인력임을 인증할 수 있는 제도적 장치가 필요하기 때문이다. 또한, 자격제도를 갖춤으로써 타 분야의 우수인력을 정보보호 분야로 전환할 수 있도록 하는 기반도 마련할 수 있다.
  - 이를 위해서 최우선적으로는 정보보호를 위해 필요한 기술적, 관리적, 물리적 수단이나 각 수단별 필요한 운영능력에 대해 정의함으로써 정보보호 자격제도의 신설을 위한 기반을 정비하여야 한다. 정보보호 분야의 자격제도 정비는 타 분야의 자격제도 마련 절차에 대한 문헌연구와 사례조사를 통해 진행되어야 할 것이며, 정부와 민간(사설 교육/훈련기관)의 협력을 통해 진행되어야 할 것이다.

• 정보보호 교육전문가 양성
  - 초/중/고 정보보호 교육 담당자 양성과 마찬가지로 전문적이고 체계적인 정보보호 교육을 위한 '교육전문가'를 양성하는 것이다.
  - 정보보호 교육 수요조사에서도 분석되었듯이, 대부분의 민간기업에서 자사내의 전문인력을 활용하여 자사내 정보보호 교육을 실시하고 있다는 점에서 정보보호 교육전문가를 양성하는 것은 우선 기업에서 정보보호 교육을 담당하고 있거나 참여하는 인력에 대한 훈련으로부터 시작되어야 한다.

다. 표준 교육체계 확보로 안정적인 인력 확보

표준 교육체계 확보로 안정적인 인력을 확보하기 위해서는 첫째로 대학(원)에서의 정보보호 전공을 설치 확대하거나 정원을 확대하는 방안이 강구되어야 한다. 대학(원)에서의 정규 교육과정은 고급 정보보호인력의 양성을 보장할 수 있기 때문이다. 또한, 학과간 연계전공 및 특수과정 형태로의 개설을 통해 타 전공자의 유입도 유도하여야 한다. 둘째로, 정보보호 표준 교재 및 교안의 개발도 필요하다. 국가 차원에서의 정보보호 교육을 위해서는 무엇보다도 누구나 활용할 수 있는 정보보호 표준 교재 및 교안이 필요하며, 이는 교육대상에 따라 다양한 난이도와 교육 컨텐츠를 담을 수 있도록 개발되어야 한다. 셋째로, 정보보호 자격유지를 위한 교육을 전문화하여야 한다. 자격을 취득한 뒤 지속적인 자격유지를 위한 교육을 받도록 제도화함으로써 정보보호 전문인력의 전문성을 유지할 수 있도록 하여야 한다. 정부 또는 정보보호 전문 공공기관이 주도하여 주관 자격제도의 품질관리를 위한 정보보호 자격유지 교육을 실시하는 방법이 있다.

• 대학(원) 정보보호 전공 설치 확대
  - 대학(원) 정보보호 전공의 설치 확대는 정부 주도의 정보보호 전문인력 양성을 위한 기반이 될 수 있다. 정규 대학(원) 이상

과정에 설치되어 있는 정보보호학과의 정원을 확대하거나 신규 대학(원)을 선정할 수 있으며, 특수대학원 과정에 정보보호 연계전공을 설립하여 공인된 정보보호 전문인력을 육성하여 공급할 수 있는 기반을 마련할 수 있다. 이때, 정보보호학과 및 정보보호 연계전공의 내용은 공대 및 이공계열의 정보보호 전공을 통한 기술교육은 물론 경영 및 경상계열의 정보보호 전공을 통한 관리교육이 균등하게 이루어질 수 있도록 구성하여야 한다.

- 또한, 정보보호 전문인력 이외의 인력에게 정보보호에 대한 흥미를 유도할 수 있는 기반도 함께 마련하여야 한다. 정보보호 전공이나 연계전공을 개설하기 이전 또는 동시에 이공계열의 비 정보보호 전공자들을 대상으로 정보보호를 주제로 하는 교양과목을 필수로 이수하도록 하는 것이 필요하며, 향후에는 전 학과를 대상으로 확대하는 것이 필요하다. 이는 대학(원) 학생들의 정보보호에 대한 흥미를 유발시킴으로써 이공계열의 우수한 학생들을 정보보호로 유입시키는 역할을 할 수 있을 것으로 기대되며, 일반 학생들에게는 정보보호에 대한 인식제고의 효과를 기대할 수 있다.

• 정보보호 표준 교재 및 교안 개발

- 표준교안은 정보보호 전문인력 양성을 위한 정규 대학(원) 과정에서는 물론 사설 교육기관 및 일반 산업체에서의 정보보호 교육을 위해서도 꼭 필요하다. 표준교안을 마련하는 것은 '정보보호'를 정의하고 '정보보호인력'의 직무를 분석하고 직무수행을 위해 필요한 '정보보호 분야 필요지식 및 기술'에 대한 수요조사 결과를 활용하여 그 기준과 범위를 선정할 수 있다.

• 정보보호 자격유지 위한 교육 전문화

- 자격제도의 안정적인 운영과 전문인력의 체계적인 공급을 위한 교육/훈련을 지원하여야 한다. 현재에는 정보보호전문가(SIS) 자격을 획득한 자에 한하여 2년에 한번 보수교육 이수를 의무

화하고 있다.

- 이러한 자격유지를 위한 보수교육을 자격소지자는 물론 일반 정보보호 전문인력에 대한 재교육 및 전환교육에도 활용하는 방안도 강구하여야 한다. 교육컨텐츠의 전문화를 꾀할 수도 있고, 일반 인력의 정보보호 자격제도에 대한 흥미도 유도할 수 있을 것이기 때문이다.

제 8 장
결론 및 시사점

제8장 결론 및 시사점

제1절 정보보호인력 양성 정책 개선 방안

보안 위험성이 사회 전영역으로 빠른 속도로 확산되어 가고 유비쿼터스 사회를 향한 다양한 신규서비스가 끊임없이 등장함에 따라 개인정보의 과다수집으로 인한 침해사고 및 개인정보의 노출로 인한 새로운 형태의 예측할 수 없는 보안사고의 위험성도 함께 높아지고 있다. 이에 따라 정보보호의 필요성에 대한 인식도 함께 높아지고 있다. 정보보호는 전국가적인 관심사가 되고 있으며, 사업자 뿐만 아니라 일반 개인까지도 정보보호제품 및 서비스에 대한 수요를 확대하고 있다. 이러한 사회적·국가적인 수요를 산업발전으로 적극적으로 이끌어내기 위해서는 무엇보다도 산업의 발전을 이끌 양질의 정보보호인력이 필요하다.

그러나, 현실적으로는 국내 정보보호인력이 몇 명이나 되고 필요한 인력의 수는 또 얼마나 되는지 등을 파악할 수 있는 통계수단조차 마련되어 있지 않다. 2003년부터 간헐적·일시적으로 정보보호인력에 대한 현황파악이 이루어지고 있기는 하지만 일부 정보보호산업체 종사자에 대한 조사에 머무르고 있어 실질적인 사회적인 인력수요 파악은 거의 불가능한 실정이다. 공급규모에 대한 조사는 아예 진행되고 있는 바가 없어 2년제/4년제/대학(원)의 정보보호학과 및 전공자수에 대해서만 교육통계연보 등 간접적인 자료를 통해 파악되고 있다.

인력은 산업의 발전을 이끄는 원동력이라 할 수 있다. 특히, 해당 분야의 숙련된 노하우와 지식을 겸비한 전문인력을 양성하여 배출하고 관리하는 것은 해당분야의 발전과 궤를 같이 한다고 할 수 있다.

이러한 의미에서, 제5장부터 제7장까지 살펴본 국내 정보보호인력 양성정책에 대한 연구의 함의와 한계점을 바탕으로 국내 정보보호인력 양성정책의 개선방안을 제시해보고자 한다.

첫째, 정보보호인력에 대한 수요와 공급 현황을 파악하고 이에 기반한 수급전망을 통한 인력관리를 위한 통계체계가 마련되어야 한다. 정보보호 전문업체 종사자뿐만 아니라 전체 산업 내에서 정보보호 직무를 수행하는 정보보호 전문인력의 실제 현황을 파악해내기 위해서는 '전문적인 정보보호 기술 및 지식을 습득하고 정보보호 직무를 수행하는 자'를 정보보호인력으로 정의하고 산업 전반에서 현황을 파악할 수 있는 통계기반이 마련되어야 한다. 우선, 통계청의 한국표준직업분류상에 정보보호 직무를 고려한 정보보호 직업군이 추가될 수 있도록 해야 한다. 현재에는 한국표준직업분류의 중분류 이상에서 검색할 수 있는 정보보호 관련 직업군은 없는 것으로 파악되고 있어 국가적으로 실시되는 한국표준직업분류를 기반으로 한 산업인력 통계조사에서 정보보호인력을 파악하기는 사실상 불가능하다. 실질적으로 한국표준직업분류의 개정은 많은 시일과 협의가 필요한 문제이므로 이를 장기적인 과제로 본다면, 보다 현실적으로는 정보보호 분야 직무체계에 기반한 정보보호인력 통계조사를 공식적인 통계승인을 거쳐 정기적으로 진행되도록 하는 방법을 우선 시행하여야 한다.

둘째, 다양한 정보보호 수요에 대응하기 위한 정보보호인력의 질적인 측면에서의 수요와 공급간 격차해소를 위한 방안마련이 필요하다. 정보보호 전문업체를 비롯한 정보보호 부서를 운영하는 모든 기업에서는 실질적으로 활용 가능한 정보보호 전문인력에 대해 늘 부족함을 호소한다. 이는 기업마다 필요로 하는 정보보호의 요소가 각기 다르고 정보보호의 트렌드는 상시 바뀌는데, 기업별로 중요시 하는 정보보호 요소에 적합하거나 정보보호의 신규 트렌드에 바로 적응 가능한 경험과 지식을 겸비한 전문인력을 구하는 것은 매우 어렵기 때문이다. 이는 기업 수요[91]와 정보보호 트렌드를 파악할 수 있는 장기적이고 정기적인 정보보호기술수요조사 실시를 통해 해소될 수 있을 것이다.

셋째, 위에서 제시한 정보보호기술수요조사 결과를 인력양성에 직접 연결시킬 수 있도록 정보보호인력에 대한 원체인 공급망체계(one-chain SCM)를 마련해야 한다. 산업계에서의 정보보호인력 수요의 발생시점에 수요의 특성(직무, 직급, 규모 등)을 파악하고 분석하여 공급기관(대학(원) 등의 정규교육기관과 학원 등의 비정규교육기관)에 전달하는 체계를 구축하고 운영하는 것이다. 이를 위해서는 보다 실질적이고 인력시장이 그 효과를 빨리 획득할 수 있는 인력양성사업에 대한 고민이 필요하다. 실제 정보보호기술수요조사에 기반한 인력을 양성하여 공급하는 데에는 짧게는 2년(전문대학 등) 길게는 4년 이상(대학원 박사과정 등)의 시간이 소요된다. 타 분야 종사인력이 정보보호 분야로 이직을 결정하고 훈련을 받거나 자격제도를 준비하는 데에도 최소한 1년은 소요된다. 따라서, 장기적으로는 정보보호 전문학과 및 전공의 개설을 통해 안정적으로 일정 수준 이상의 인력을 양성할 수 있는 기반을 마련하여야 한다. 이는 대학(원)을 대상으로 정보보호 교육내용, 교재, 강의 방법 등의 교육과정의 세부내용을 정기적으로 조사하고 그 결과를 바탕으로 정보보호 표준 교과과정 및 교재를 개발하는 등의 노력도 필요하다. 단기적으로는 당장 현장에 나가 일할 수 있는 인력을 양성 및 지원하기 위한 단기수요 중심의 인력양성사업도 필요하다. 이러한 사업으로는 전문대학 및 일반대학의 졸업생들을 대상으로 정보보호 전문업체와 연계하여 정부가 일정 부분 인턴비용을 지원해주는 산업현장 인턴제도를 예로 들 수 있다. 또한, 정보보호 전공 및 관련 전공 석·박사 인력을 정보보호 전문업체 및 일반기업의 정보보호 부서와 인턴 및 취업을 연계시켜 줌으로써 산업 현장중심적인 실무형의 고급인력 양성도 예로 들 수 있다[92].

---

91) 업계를 대상으로 정보보호 인력수요, 필요인력에 대한 세부 요건(전공분야, 교육수준 및 과정이수내역 등)과 KISA, 대학 등 정보보호 인력양성 기관에 대한 요구사항 등 조사

92) 한국인터넷진흥원은 2009년부터 금융보안과 홈네트워크보안 2개 분야에 대하

이와 함께, 한국인터넷진흥원, 국가정보원 등의 정보보호 교육기관(공공부문)과 대학간 협의 및 MOU 체결 등을 통해 상호간 강사지원 및 학점인정제 등을 추진하는 방안도 강구할 수 있다. 대학(원) 교과과정의 최신 정보보호기술 및 산업 동향, 법제도 및 정보윤리 관련 교과과정에 대해 공공부문에서의 정보보호교육담당기관 내의 전문인력이 직접 강의를 진행하도록 하고 공공부문에서의 정보보호교육담당기관의 온라인학습장을 이용하여 대학의 교과과정 중 기초 이론 및 기초 실습의 일부를 대체하도록 학점을 인정해 주는 방안이다.

넷째, 장기적으로 우수인력을 유치하고 지속적인 보수교육이 가능한 교육체계를 마련하여야 한다. 정보보호 분야 직무체계(Skills Framework) 및 표준경력경로(Career Path)를 개발하여 우수인력을 유치하거나 지속적인 종사를 유도할 수 있도록 하는 인력관리시스템을 구축해야 한다. 직무체계나 표준경력경로 등에 대한 정보는 정보보호 분야 내에서 또는 정보보호 분야로의 직무/직장 전환이나 경력개발이 필요한 인력에게 계속교육의 기회를 제공할 수 있는 기반이 될 것이다.

다섯째, 한국인터넷진흥원, 국가정보원 등의 공공기관, 학계, 산업계가 공동으로 대국민 홍보 및 교육자료를 개발하여 제공하고 대학(원)용 전문교육자료 및 표준 커리큘럼을 개발하여 정보보호학과(전공) 개설 대학에 가이드라인으로 제공함으로써 표준적인 인력양성체계를 마련하여야 한다. 표준 커리큘럼은 산업계의 수요를 반영하여 졸업생이 취업 후 바로 실무에 적응할 수 있는 직무능력과 스킬을 갖출 수 있도록 구성되어야 할 것이다. 세부 분야별 표준교재는 공공기관에서의 교육과정에 활용하고 필요로 하는 대학 및 민간에게 제공될 수 있어야 한다.

여 대학, 정보보호전문업체 등으로 구성된 컨소시엄에서 운영하는 석사과정(매년 50명)을 지원하고 있음

제2절 결론 및 본서의 활용방안

세계 정보보호산업은 지난 3년간 지속적으로 연평균 13.5%의 고성장을 기록하고 있으며, 과거 3년간 6.2% 성장한 IT산업 대비 2배 이상의 고성장세를 유지하고 있다[93]. 그러나, 현재 공급 가능한 정보보호인력은 연간 약 1,900명 규모인 반면 향후 인력수급의 격차는 더욱 심화될 전망이다. 더욱이, IT와 non-IT의 융합이 가속화되면서 영역간 경계 및 구분이 불명확해짐에 따라, 정보보호산업이 지식정보보안산업으로 확대되며 영역은 더욱더 확장될 것으로 전망되고 있다[94].

그러나, 아직 현실적으로 보다 국가 및 사회적으로 적극적인 정보보호 방안이나 정보보호 인프라 마련에는 어려움이 있는 것으로 보인다. 우리나라의 정보화 수준은 세계 1위를 기록할 만큼 인프라나 인터넷 사용자의 양적인 증가가 이루어졌지만, 2009년에만 3만 5천여건의 개인정보 침해사고와 2만여건의 해킹사고가 신고될 만큼 정보화의 역기능 문제 즉 정보보호 침해사고도 심각한 수준으로 증가하고 있다[95]. 또한, 정보보호의 필요성에 대한 인식이 높아지고 새로운 서비스가 나타날 때마다 정보보호의 문제가 발생하고는 있지만 정보보호산업의 발전은 답보상태에 있는 것이 사실이다. 이것의 원인은 아주 다양하게 있을 수 있겠지만, 기업의 정보보호 활동과 정보보호에 대한 투자가 매우 낮은 수준이라는 점을 감안했을 때, 기업의 정보보호에 대한 적극적인 의지부족을 가장 큰 원인으로 볼 수 있다. 대부분의 기업이 해킹이나 DDoS 공격 등의 위협에 상시 노출되어 있음에도 불구하고 보안인식 수준이 낮고 경영진의 관심이 미흡하다는 것과 정

93) 지식경제부, 지식정보보안 IT전략기술로드맵 2015, 2009.

94) 정보보호학과를 개설한 대학은 15개 내외에 불과하며 대다수 지방 소재. 규모면에서나 내용면에서 안정적인 정보보호인력의 공급에 한계
(※ 출처: 한국정보보호진흥원, 유비쿼터스 환경에서의 정보보호 정책 방향, 2008.)

95) www.index.go.kr(e-나라지표)

보보호 전담부서의 상시설치 및 운영에 대해서도 매우 소극적인 것을 예로 들 수 있다.

다가오는 유비쿼터스 사회에서도 정보강국으로서의 국가 위상을 확보하고 안심·안전한 정보인프라 구축으로 개인 사용자들의 적극적인 미래 지식서비스의 수용을 유도함으로써 산업의 부가가치 창출을 통한 산업발전을 위해서라도 정보보호의 사회기간인프라로서의 중요성을 인식하고 한시라도 빨리 본격적인 산업발전을 견인할 체계적인 정보보호 전문인력의 양성이 필요한 때이다.

앞서 살펴보았듯이, 우리나라의 정보보호인력 양성정책을 위한 연구는 매우 단발적이고 단기적으로 이루어져 오고 있다. 거시적인 큰 그림 아래 조직적인 인력양성 활동이 이루어져야 함에도 불구하고 거시적인 양성정책의 전략이나 비전조차 마련되고 있지 못한 실정이다. 단기적인 인력양성 연구가 아닌 중장기적이고 체계적인 연구가 필요하다. 산업의 발전을 도모하고 우수한 인력을 확보하는 것은 양의 피드백의 관계에 있다. 산업이 발전하여 매출액이 증가한다면 기업들도 정보보호에 대한 적극적인 의지를 보일 것이며 이를 통해 우수인력을 상시 확보·운영할 수 있게 될 것이며 이러한 분위기를 통해 우수인력의 정보보호 분야로의 활발한 진입을 유도할 수 있으며 이를 통해 산업의 질적·양적인 발전을 꾀할 수 있을 것이기 때문이다.

본서를 통해 국내 정보보호인력 양성정책 관련 연구의 방향과 결과물들을 살펴봄으로써 향후 우리나라 정보보호인력 양성정책 연구와 양성정책 개발에 작으나마 도움이 될 수 있기를 바란다. 한번 더 강조하고자 하는 것은 정보보호인력 양성을 위해서는 산업계와 학계는 물론 정부기관의 적극적인 협조와 노력이 반드시 수반되어야 한다는 점이며, 이를 통해 산업의 발전을 도모하고 우수인력을 확보할 수 있는 선순환 구조를 마련할 수 있기를 바란다.

참 고 문 헌

■ 국내자료

국회입법조사처, 7·7 DDoS 사고 대응의 문제점과 재발방지 방안, 2009.

디지털데일리, "국가·공공부문 사이버 침해사고 매년 급증", 2009. 9.28.

대한민국정부, 2007 정보화에 관한 연차보고서, 2007.

방송통신위원회, 인터넷 정보보호 종합대책, 2008.

법제처, 산업기술의 유출방지 및 보호에 관한 법률(법률 8900호), 2008.

법제처, 정보통신망 이용촉진 및 정보보호 등에 관한 법률(법률 제10138호), 2010.

법제처, 정보통신산업진흥법(법률 제9981호), 2010.

법제처, 정보화촉진기본법(법률 제8031호), 2006.

산업연구원, 산업기술인력 양성 정책, 2008.

산업기술보호협회, 산업기술보호 전문인력 양성 및 육성정책 연구, 2008.

서울파이낸스, "전자금융 보안사고 '빈발'…대책 마련 시급", 2009. 7.17.

유민화, 산업기술인력양성사업의 발전전략 수립을 위한 성과지표 연구, 한국산업기술재단, 2007.

유혜원, 김태성, "정보보호 전문인력의 경력에 따른 지식 및 기술 수요 특성", 정보보호학회논문지, 19(4), 77-89, 2009.8a.

유혜원, 김태성, "정보보호 전문인력의 소요 지식 및 기술에 대한 산업체와 교육기관의 관점 비교", Information Systems Review, 11(2), 1-17, 2009.8b.

유혜원, 김태성, 전효정, "정보보호 분야 지식 및 기술 수요", 정보보호학회지, 19(1), 23-28, 2009.2.

전효정, 김태성, 유진호, 지상호, "정보보호 분야 직무체계 개발",

정보보호학회논문지, 19(3), 143-152, 2009.6.
전효정, 유혜원, 김태성, "정보보호 분야 직무별 필요 지식 및 기술 분석", Information Systems Review, 10(2), 253-267, 2008.8.
정대율, "정보시스템 전문가의 요구지식 및 기술능력에 기초한 MIS 교과과정 개발에 관한 연구", Information Systems Review, 1(1), 137-163, 1999.
정보통신부, 정보통신기술자의 전공학과의 범위 및 경력인정방법 (정보통신부고시 제2005-42호), 2005.
정보통신부, 중장기 정보보호 기본계획, 2002.8.
정보통신부, u-KOREA 기본계획, 2006.3.
정보통신부, 한국정보통신산업협회, 2002년 정보통신산업 고용동향 조사, 2002.
정보통신부, 한국정보통신산업협회, 2006년 정보통신부문인력동향 보고서, 2006.
정보통신산업협회, 2008년 정보통신부문 인력동향 보고서, 2009.
정보통신연구진흥원, 정보통신 분야 인력 수급 측정, 양성 및 기술 자격제도에 관한 연구, 1989.
정보통신연구진흥원, 정보통신인력의 특성과 수급실태 및 전망, 2001.
정보통신연구진흥원, 정보통신 전문인력 양성사업, 1995.
정보통신연구진흥원, 패키지SW 분야 SW직무수행능력표준, 2008.
정보통신연구진흥원, S/W 전문인력의 실무능력향상 및 활용도 제고를 위한 정보방안연구, 2003.
정보통신정책연구원, 정보통신인력의 특성, 수급실태 및 전망, 2001.
정보통신정책연구원, IT인력 수급차 분석 및 전망연구, 2004.
정보통신정책연구원, IT 인력의 유동성 실태조사 및 경력경로에 관한 조사연구, 2003.
정보통신정책연구원, IT 전문인력 수급전망 방법론에 관한 연구, 2004.

정보통신정책연구원, IT인력 통계 인프라 정비방안 연구, 2004.
정보통신정책연구원, IT 전문인력 양성정책의 평가와 향후 정책방향, 2002.
지식경제부, 2009 산업기술인력 수급동향 실태조사 보고서, 2009.
지식경제부 보도자료, 2013년까지 지식정보보안산업 18조원 시장창출, 2008.12.15.
지식경제부, 지식정보보안 IT전략기술로드맵 2015, 2009.
최명길, 김세헌, "정보보호전문가의 직무수행을 위한 지식 및 기술분석", 경영정보학연구, 14(4), 71-85, 2004.
한국노동연구원, IT 전문인력 수급실태조사, 2004.
한국소프트웨어진흥원, 국내 SW 인력동향 보고서, 2009.
한국인터넷진흥원, 2009 국내 지식정보보안산업 시장 및 동향 조사, 2009.
한국인터넷진흥원, 국가 정보보호 교육 프레임워크 개발, 2009.
한국정보보호진흥원, 2003년도 정보보호인력 수급실태조사, 2003.
한국정보보호진흥원, 2006 정보보호 실태조사, 2006.
한국정보보호진흥원, 2007 정보보호 실태조사, 2007a.
한국정보보호진흥원, 2007 정보보호산업 시장 및 동향 조사, 2007b.
한국정보보호진흥원, 2008 정보보호 실태조사: 개인편, 2008.
한국정보보호진흥원, 2008 정보보호 실태조사: 기업편, 2008.
한국정보보호진흥원, 2008 정보보호산업 시장 및 동향 조사, 2008.
한국정보보호진흥원, 국내 정보보호산업 시장 및 동향조사, 2008.
한국정보보호진흥원, 유비쿼터스 환경에서의 정보보호 정책 방향, 2008.
한국정보보호진흥원, 정보보호 직무수행기준 개발 및 인력수급 실태조사, 2008.
한국정보보호진흥원, 정보보호 직무체계 개발 및 인력수급 실태조사, 2007.
한국정보보호진흥원, 정보보호산업실태조사, 2008.
한국정보보호진흥원, 정보보호인력 수요예측 모형 개발 및 수급 전망조사, 2002.

한국직업능력개발원, 국가직무능력표준 개발사업IV : 직무체계 시안개발(IT 분야), 2005.

한국직업능력개발원, 국내 S/W인력의 Skill 표준 작성 연구, 2006.

한국직업능력개발원, 산업사회 변화에 적합한 재능대학 IT계열의 전공 개선 및 교육과정 개발, 2009.

한국직업능력개발원, 정보통신기술의 발전에 따른 중장기 인력수요 전망, 2004.

한국직업능력개발원, IT 교육훈련 및 자격제도 현황 조사, 2001.

한국직업능력개발원, IT 전문인력 공급실태 조사, 2004, 2005, 2006, 2007, 2008, 2009.

한국직업능력개발원, IT Skill 체계 개발 연구, 2005.

행정안전부, 정보보호 중기 종합계획, 2008.

■ 국외자료

Cheney, P.H., Lyons, N.R. (1980), "Information systems skill requirements: A survey," MIS Quarterly, 4(1), 35-43.

Cockcroft, S. (2002), "Securing the commercial Internet: Lessons learned in developing a postgraduate course in information security management," Journal of Information Systems Education, 13(3), 205-210.

Irvine, C.E., Chin, S.K., Frincke, D. (1998), "Integrating security into the curriculum," Computer, 31(12), 25-30.

Lee, D.M.S., Trauth, E.M., Farwell, D. (1995), "Critical skills and knowledge requirements of IS professionals: A joint academic/industry investigation," MIS Quarterly, 19(3), 313-340.

Lee, S.U., Koh, S.H., Yen, D., Tan, H.L. (2002), "Perception gaps between IS academics and IS practitioners: An exploratory study," Information & Management, 40, 51-61.

Logan, P.Y. (2002), "Crafting an undergraduate information security emphasis within information technology," Journal of Information Systems Education, 13(3), 177-182.

Nelson, R.R. (1991), "Educational needs as perceived by IS and end-user personnel: A study of knowledge and skill requirements," MIS

Quarterly, 15(4), 503-525.

NIST, Information technology security training requirements: A role- and performance-based model, Special Publication 800-16, 1998.

NSSB, ICT Skills Standards, 2000.

NWCET, Building a Foundation for Tomorrow: Skill Standards for Information Technology, 2002.

NWCET, Building a Foundation for Tomorrow: Skill Standards for Information Technology (SmartSkills 2003), 2003.

Rainer, R.K., Marshall, T.E., Knapp, K.J., Montgomery, G.H., "Do information security professionals and business managers view information security issues differently?" Information Systems Security, 16(2), 100-108, 2007.

Trauth, E.M., Farwell, D.W., Lee, D. (1993), "The IS expectation gap: Industry expectations versus academic preparation," MIS Quarterly, 17(3), 293-307.

Wu, J.H., Chen, Y.C., Chang, J. (2007), "Critical IS professional activities and skills/knowledge: A perspective of IS managers," Computers in Human Behavior, 23, 2945-2965.

Wu, J.H., Chen, Y.C., Lin, H.H. (2004), "Developing a set of management needs for IS managers: A study of necessary managerial activities and skills," Information & Management, 41, 413-429.

Wright, M.A. (1998), "The need for information security education," Computer Fraud & Security, 1998(8), 14-17.

Yen, D.C., Chen, H.G., Lee, S.U., Koh, S.H. (2003), "Differences in perception of IS knowledge and skills between academia and industry: Findings from Taiwan," International Journal of Information Management, 23, 507-522.

■ 웹사이트

www.kcc.go.kr (방송통신위원회)
www.keis.or.kr (한국고용정보원)
www.kisa.or.kr (한국인터넷진흥원)
www.kisia.or.kr (지식정보보안산업협회)
www.kosis.kr (국가통계포탈)
www.index.go.kr (e-나라지표)
www.ipa.go.jp (일본 경제산업성 산하 독립행정법인 정보처리추진기구 IT인재육성 본부 IT스킬 표준 센터)
www.itl.or.kr (산업기술인력정보센터)
www.mke.go.kr (지식경제부)
www.mopas.go.kr (행정안전부)
www.nso.go.kr (통계청)
www.nssb.org (미국 국가직무표준 제정기구)
www.nwcet.org (미국 국가유망기술인력센터)
www.sfia.org.uk (영국 정보통신직무체계개발협회)

부 록

부록 1. 국내 정보보호인력 양성기관(정규교육기관)
부록 2. 국내 정보보호인력 양성기관
(민간 및 부설교육 기관)
부록 3. 인력수급전망 방법론
부록 4. 국외 정보보호인력 교육 및 양성 현황

부록 1.

국내 정보보호인력 양성기관 (정규교육기관)

1. 전문대학 및 대학교

[건양대학교]

모집 단위명	전임 교원수	교과과정	산학 연계 프로그램
정보보호 학과	4	(기본과정) 프로그래밍 언어, 이산수학, 고급 C언어, 컴퓨터구조론, 정수론, 객체지향프로그래밍1, VB 게임프로그래밍, 정보보호학개론, 자료구조론, 데이터베이스 (고급과정) 논리회로, 암호학을 위한 대수학, 객체지향프로그래밍2, 유닉스운영체제론, DB보안, 정보보호소프트웨어, 응용대수학, 웹프로그래밍1, 데이터통신, 웹프로그래밍2, 암호론, 시스템보안, 알고리즘, 정보보호기술, 정보보안 및 해킹, 전자상거래보안, 인증시스템, 확률론, 바이러스와 백신, 암호기술, 정보보호법과 사이버윤리, 네트워크보안	-

[대구한의대학교]

모집 단위명	전임 교원수	교과과정	산학 연계 프로그램
인터넷 정보학과	3	정보보안 총론, 전자상거래보안, 인터넷과 보안동향, 패턴인식개론 등	-

[대전대학교]

모집 단위명	전임 교원수	교과과정	산학 연계 프로그램
전산정보 보호학과	5	알고리즘 운용, 인증시스템 개발, 보안관리 솔루션 개발, 시스템보안관리, 데이터보안관리, 정보보호제반실무, 시스템보안분석, 정보보호제품컨설팅	KISA, ETRI 등의 연구기관과 밀접한 협력관계 구축

[동명대학교]

모집 단위명	전임 교원수	교과과정	산학 연계 프로그램
정보보호 학과	7	정보보호개론, C프로그래밍 언어, 자료구조, 컴퓨터 네트워크, 운영체제, 정수론, 객체지향프로그래밍, 해킹 및 악성코드 대응, 시스템 분석 및 설계, 추상대수학, 인터넷프로토콜, 데이터베이스 이론 및 실습, 암호학, 윈도우즈 프로그래밍, 디지털 신호처리, 운영체제관리, 네트워크 프로그래밍, 패턴인식, 보안프로토콜 설계, 서버 시스템 구축, 시스템 프로그래밍, 암호 프로토콜, 암호 프로그래밍, 네트워크 보안, 생체 인증시스템, 시스템 취약점 분석, 정보보호윤리 및 법, 저작권 보호 시스템, 침입탐지시스템 실습	-

[동양대학교]

모집 단위명	전임 교원수	교과과정	산학 연계 프로그램
컴퓨터 정보전 학과	6	컴퓨터개론, 전쟁사, 국가안보론, 무기발달사, 북한학, 객체지향 프로그래밍, 정보전 개론, 자료구조, 운영체제, 시스템 프로그래밍, 마이크로프로세서, 컴퓨터구조, 심리전학, 무기체계론, 데이터베이스, 현대암호론, 네트워크보안, 소프트웨어공학, 시스템분석과설계, 파일처리론, 운영체제보안, 해킹 및 대응기술, 임베디드 시스템, 임베디드 소프트웨어, 인공지능, 사이버전쟁프로젝트, 생체인식	-

[목포대학교]

모집 단위명	전임 교원수	교과과정	산학 연계 프로그램
정보 공학부 정보보호 전공	5	정보보호공학개론, 객체지향프로그래밍, 확률및통계, 어셈블리언어, 웹프로그래밍, 암호학, 컴퓨터구조, 시스템프로그래밍, 자료구조설계및구현, 운영체제, 데이터통신, 마이크로컴퓨터, 추상대수학, 코딩이론, 컴퓨터네트워크, 인터넷보안, 정보이론, 데이터베이스설계및실습, 웹실무, 컴퓨터시스템보안, 데이터베이스보안, 해킹및바이러스, 전자상거래보안, 스마트카드보안, 침입차단및탐지, 정보보호법	-

[백석대학교]

모집 단위명	전임 교원수	교과과정	산학 연계 프로그램
정보통신 학부 정보보호 학전공	26 (학부 소속)	C언어프로그래밍, 이산수학, 공업수학, 자료구조론, 멀티미디어보안, 정수론, 인터넷프로그래밍, 운영체제론, 유닉스시스템, JAVA 프로그래밍, 정보보호론, 데이터베이스이론및실습, 웹서버그로그래밍, 전자상거래보안, 컴퓨터구조론, 알고리즘, 윈도우API프로그래밍, 네트워크보안, 시스템분석 및 설계, 컴퓨터네트워크, 웹보안이론및실습, 네트워크보안프로그래밍, 컴퓨터포렌식, 경영정보시스템설계및감사, 보안관리, 웹데이터베이스실습, 정보보호특강, 통신보안	-

[서울여자대학교]

모집 단위명	전임 교원수	교과과정	산학 연계 프로그램
컴퓨터 학부 정보보호 학전공	4	컴퓨터및정보보호개론, 컴퓨터프로그래밍, 현대암호학기초, 이산수학, 객체지향프로그래밍, 공학수학, 고급컴퓨터프로그래밍, 자료구조, 윈도우즈프로그래밍, 운영체제, 컴퓨터구조, 컴퓨터알고리즘, 시스템프로그래밍, 데이터베이스, 데이터통신및네트워크, 유닉스프로그래밍, 현대암호학응용및실습, 저작권보호와관리, 악성코드, 침입탐지와차단시스템, 전자상거래보안, 정보보호산업기술최신동향, 최신정보보호기술, 소프트웨어공학	1) 안철수 연구소 : 안철수 연구소와 협력하여 정보보호 분야 실무형 교육 인증 프로그램인 "AhnLab-SWU Program of Education and Certification on Information Security Technology"를 공동개발 및 운영하여 인재 양성 2) 썬 마이크로 시스템즈 : 썬 마이크로 시스템즈와 MOU를 통해 제공된 최신 하드웨어 장비 및 Solaris 운영체제에서의 시스템보안 운영실습을 학습

[세명대학교]

모집 단위명	전임 교원수	교과과정	산학 연계 프로그램
정보보호 학과	3	정보보호정책, 운영체제, 이산수학, 마이크로프로세서및실습, 컴퓨터구조론, 고급C언어, 데이터통신, 데이터베이스, 정보보호법률, 정수론, 자바언어및실습, 암호이론, 유한체론, 인터넷프로토콜, 컴퓨터네트워크, 해킹및시스템보안, 암호프로토콜, 고속통신망기술, 웹프로그래밍, 이동통신및보안, 정보보호표준화기술, 멀티미디어보안및실습, IC카드및보안, 컨텐츠보안기술및실습, 정보보호컨설팅	–

[세종사이버대학교]

모집 단위명	전임 교원수	교과과정	산학 연계 프로그램
정보보호 시스템 학과	2	네트워크보안, 데이터베이스, 보안과해킹, 사이버보안공학, 사이버수사, 컴퓨터구조, 기초암호알고리즘, 인터넷개론, 정보시스템개론, 파일처리, 암호이론, 컴퓨터통신, 자바프로그래밍, 암호 프로토콜, 운영체제, 웹프로그래밍, 유비쿼터스 컴퓨팅, 유비쿼터스센서네트워크, 정보보호시스템, 컨텐츠보안, 전자상거래보안, 침입탐지시스템, 시스템분석및설계, 인터넷보안, 정보보호정책, 정보보호법및사이버법률, 소프트웨어공학, 정보기술과경영	–

[순천향대학교]

모집 단위명	전임 교원수	교과과정	산학 연계 프로그램
정보보호 학과	4	컴퓨터구조, 웹프로그래밍, 인터넷기초, 객체지향프로그래밍, 어셈블리언어, 데이터통신, 마이크로프로세서, 운영체제, 자료구조, 윈도우즈프로그래밍, 운영체제보안, 컴퓨터네트워크, 인터넷보안, 시스템프로그래밍, 정보이론, 웹사이트구축, 데이터베이스, 네트워크프로그래밍, 해킹및바이러스, 시스템보안, 전자상거래보안, 스마트카드보안, 데이터베이스보안, 침입차단및탐지, 정보보호법	–

[우석대학교]

모집 단위명	전임 교원수	교과과정	산학 연계 프로그램
정보보안 학과	4	컴퓨터의 이해, 정보보안의 이해, 인터넷의 이해, C프로그래밍 기초, 보안윈도우서버, 정보보안기술, 웹프로그래밍기초, 보안자료구조, 인터넷보안, 암호기술, JAVA프로그래밍, 보안리눅스및유닉스기초, 보안데이터베이스서버, 객체지향프로그래밍활용, 웹서버구축및운영, 인증시스템, 웹프로그래밍보안, 보안전자상거래, 보안컴퓨네트워크, 네트워크 프로그래밍, 쇼핑몰구축및고급보안운영, 컴퓨터포렌식, 정보보호법, 모바일보안, 침입차단및탐지, 산학연계응용	-

[중부대학교]

모집 단위명	전임 교원수	교과과정	산학 연계 프로그램
정보보호 학과	3	1) 컴퓨터기초분야: 프로그래밍언어, 전산기초이론, 컴퓨터 네트워크, 컴퓨터구조, 운영체제, 유닉스 등 2) 암호기술분야: 암호프로토콜, 공개키 기반구조, 암호학, 대수학, 확률 및 통계 등 3) 시스템, 네트워크보호기술분야: 시스템보안, 운영체제보안, 네트워크보안, 해킹 및 바이러스, 침해사고 대응기술, 정보보호관리및정책, 사이버테러와 정보전, 정보시스템 보안실무 등 4) 응용서비스 보호기술분야: 전자상거래보안, 데이터베이스보안, 웹프로그래밍, 정보보호프로젝트, 어플리케이션 보안 등	-

[한국기술교육대학교]

모집 단위명	전임 교원수	교과과정	산학 연계 프로그램
인터넷 미디어 공학부 정보보호 학전공	5	-	-

[호서대학교]

모집 단위명	전임 교원수	교과과정	산학 연계 프로그램
정보보호 학과	4	C언어, 컴퓨터공학개론, 실용전산, 객체지향프로그래밍, 자료구조, 컴퓨터구조, 비주얼 프로그래밍, 운영체제, 데이터베이스, 컴퓨터 네트워크, 소프트웨어공학, 정보보호개론, 암호학, 전자상거래보안, 컨텐츠보안, 운영체제보안, 데이터베이스보안, 네트워크보안, 정보보호시스템평가및인증, 컴퓨터포렌식	-

[호원대학교]

모집 단위명	전임 교원수	교과과정	산학 연계 프로그램
사이버 수사경찰 학부 사이버 수사 경찰학 전공	4	보안프로그래밍, 인터넷프로토콜, 정보보호개론, 서버시스템관리, 시스템프로그래밍, 데이터베이스보안, Web Application 보안, 네트워크프로그래밍, 보안솔루션 프로젝트, 암호학, 서버시스템관리, PC보안, 정보보호개론, 해킹및보안실습, 운영체제보안, 침입탐지시스템, 정보보호컨설팅, 무선LAN, 실시간시스템, 분산객체컴포넌트 기술 인증시스템	-

2. 대학원

[경기대학교 일반대학원]

모집 단위명	전임 교원수	교과과정	산학 연계 프로그램
정보보호학과	1	-	-

[경북대학교 일반대학원]

모집 단위명	전임 교원수	교과과정	산학 연계 프로그램
정보보호학 (학과간협동 과정)	25	정보보호학, 정보보호프로토콜, 침입탐지이론, 암호수학, 양자계산및정보보호, 컴퓨터네트워크, 전자상거래보안시스템, 전산망보안, 정보보호시스템설계, 고등암호수학, 인터넷시스템보안, 정보보호관리, 컴퓨터바이러스, 생체인증, 멀티미디어컨텐츠보호, 디지털워터마킹, 디지털시스템기술언어	-

[고려대학교 정보경영공학전문대학원]

모집 단위명	전임 교원수	교과과정	산학 연계 프로그램
정보보호학과 금융보안학과 석사과정 신설 (2009.3)	24		KISA와 고용계약형 석사과정 운영 중

[과학기술연합대학원대학교 공학부]

모집 단위명	전임 교원수	교과과정	산학 연계 프로그램
정보보호공학	4	키관리기술, 양자암호, 전자화폐, 네트워크보안을 위한 해킹실습, 무선환경에서의 적합한 생체인식 알고리즘 구현, 제한된 환경에 적합한 스마트카드 운영체제 구현, XML을 이용한 전자상거래 보안, AAA서버기술구현, 보안운영체제연습, 암호알고리즘 하드웨어 구현, 정보전, 사이버공격기법분석, 능동형네트워크 정보보호, 보안운영체제, 인터넷보안, 무선통신보안, 복합인증 및 서명, 고속 암호처리기술, 암호알고리즘의 안전성 분석, 전자상거래 보안, 인터넷보안, 네트워크보안개론, 공개키기반인증기법, 스마트카드기술, 암호알고리즘 이론	-

[대전대학교 일반대학원]

모집 단위명	전임 교원수	교과과정	산학 연계 프로그램
정보시스템 공학과	8	1)전산정보보호학(석사) 대수적위상학, 이차형식론, 해석학, 대수학, 실해석학, 일반위상학, 확률론, 수리통계학, 이산수학, 정수론, 암호학, 정보보호학, 프로그래밍언어, 군 표현론, 미분기하학, 위상벡터공간, 확률론, 함수해석학, 복소해석학, 웹프로그래밍, 데이터통신, 네트워크 시뮬레이션, 암호알고리즘, 시스템보안, 네트워크보안, 정보보호정책 2) 전산정보보호학(석박사) 리눅스보안, 컴퓨터보안, 컴퓨터해킹, 침입탐지시스템, 웹보안, 전자상거래 보안, 자바보안, XML보안, 정보보호컨설팅, 정보보호관리, 정보보호정책2, 정보보호시스템, 사이버법률, 정보보안세미나, 정보보안기술, 해킹과방어, 스마트카드, 유닉스보안, 해쉬함수, 공개키 암호이론, 전자서명, 인증시스템, 부호이론	-

[동국대학교 국제정보대학원]

모집 단위명	전임 교원수	교과과정	산학 연계 프로그램
정보보호학과	9	암호이론, 사이버보안총론, 데이터베이스 보안, 유닉스및리눅스보안, 정보보안 보증론, 시스템보안감사 및 시큐리티 거버넌스, 바이오인식 응용기술, 정보보호세미나, 암호응용, 정보시스템보안관리, 정보보호 위험평가론, 시큐어OS, 무선통신및보안, 사이버포렌식, 개인정보보호, 정보보호프로젝트, 산업보안및기업비밀보호, 기업보안 아키텍쳐, 인터넷TCP/IP보안, 유비쿼터스 컴퓨팅 및 보안, 사이버 윤리와법률, 전자상거래 보안, 사이버테러와 대응	KISA와 고용 계약형 석사과정 운영중

[동명대학교 일반대학원]

모집 단위명	전임 교원수	교과과정	산학 연계 프로그램
정보보호학과	7	해킹 및 대응기술, 임베디드 시스템, 전자상거래 보안, 사이버전쟁 프로젝트, 현대 암호학 특론, 네트워크 보안 특론, 심리전 특론, 생체인식 특론, 컴퓨터 바이러스 특론, 정보전 세미나, 통합군수지원 특론	-

[목포대학교 일반대학원]

모집 단위명	전임 교원수	교과과정	산학 연계 프로그램
정보보호기술 협동과정	14	운영체제보안, 인터넷보안, 스프트웨어공학특론, 계산이론과정보이론, 스테가노그라피, 현대암호이론, 계산대수학, 전자상거래보안, 전자지불방법론, 정보시스템감리, 정보통신윤리, 해킹및바이러스, 정보보호정책, 정보보호표준및평가, 스마트카드보안, 보안장비의설계, 네트워크보안, 침입탐지및차단, VPN특론, 이동통신보안, 암호프로토콜, 데이터베이스보안, 키관리프로토콜, 프로그래밍언어보안, 접근통제, 바이러스방비, 차세대컴퓨터시스템보안, 운영체제특론, 분산시스템특론, 컴퓨터네트워크특론, 인공지능특론, 인터넷응용특론, 컴퓨터와지식사회, 컴퓨터공학세미나, 고급컴퓨터구조, 마이크로프로세서응용특론, 통합망운영과관리, 네트워크프로토콜특론, 데이터베이스시스템특론, 암호학, 정보보호시스템개론, 운영체제, 컴퓨터구조, 자료구조와알고리즘, 데이터베이스시스템특론, 인터넷응용특론	-

[부경대학교 일반대학원]

모집 단위명	전임 교원수	교과과정	산학 연계 프로그램
정보보호학협동과정	10	전산기구조특론, 정보보호를위한기초수학, 정보보호프로젝트, 데이터베이스보안, 정보보호개론, 암호론, 자바보안, 정수론과암호, 이동 정보보안기술, 자료구조및알고리즘, 전자상거래보안, 컴퓨터해킹및바이러스방지기술, 정보시스템보안관리, 시스템보안관리, 시스템보안특수연구, 컨텐츠보호기술, 랜덤화알고리즘, 에이전트보안기술, 암호칩설계, 정보보호정책론, 계산량이론, 광대역 이동무선망 정보보호, 암호수학, 컴퓨터응용보안, 생체인식보안, PKI, 정보통신관계법, 보안운영체제, 웹및인터넷보안, 네트워크보안, 정보및부호이론, 컴퓨터네트워크, 어셈블러프로그래밍특론, 유한체론, 이동무선망 보안, XML보안, 유비쿼터스 컴퓨팅보안, 정보보호프로토콜특수연구, 암호이론특수연구, Special Topics정보보호 시스템평가, 유닉스및리눅스보안, 이동및무선컴퓨팅보호기술, 네트워크보안특수연구, 암호칩응용기술, 고등암호론, 정보윤리및정보보호법, 정보화관계법	–

[성균관대학교 정보통신대학원]

모집 단위명	전임 교원수	교과과정	산학 연계 프로그램
정보보호학과	–	–	–

[순천향대학교 산업정보대학원]

모집 단위명	전임 교원수	교과과정	산학 연계 프로그램
정보보호학과	4	암호학, 웹프로그래밍, 인터넷/네트워크 보안, 객체지향프로그래밍, 컴퓨터보안, 자바프로그래밍 및 보안, 전자상거래 보안, 표준/평가기술, 중급 암호학, DB보안, 이동통신보안, PKI 기술, 고급암호학, 스마트카드 보안, 고급암호학 이론, 웹프로그래밍 응용, 암호정책 및 법제도, 해킹/바이러스기술, 침입차단/탐지기술	–

[순천향대학교 일반대학원]

모집 단위명	전임 교원수	교과과정	산학 연계 프로그램
정보보호학과	4	암호학, 시스템보안, 네트워크보안, 웹프로그래밍, 정수론, 추상대수학, 컴퓨터보안, 자바프로그래밍보안, 전자상거래 보안, 데이터베이스개론, DB보안, 운영체제개론, 이동통신개론, PKI기술, 고급암호학, 스마트카드보안, 암호정책및법/제도, 해킹/바이러스 기술, 침입차단/탐지기술, 객체지향프로그래밍	-

[숭실대학교 정보과학대학원]

모집 단위명	전임 교원수	교과과정	산학 연계 프로그램
정보보안학과	3	정보보호개론, 정보시스템보안론, 정보보호전문가론, 인터넷보안론, 정보보호인증론, 금융정보보호론, PKI인프라론, 방화벽설계론, 네트워크보안론, 정보보호정책론, 암호학론, 디지털포렌식, 정보보안특론, 정보보호평가론, 콘텐츠보안론, 국가안전관리론	-

[아주대학교 정보통신대학원]

모집 단위명	전임 교원수	교과과정	산학 연계 프로그램
지식정보보안학과	5	인터넷보안, 정보보호, 네트워크보안, 바이러스백신, 시스템보안, 악성코드보안, 암호이론과응용, 암호이론, 전자상거래보안, 정보보호사례연구, 컴퓨터바이러스분석, 산업보안론, IT제품보안평가론, 무선통신시큐리티	KISA와 고용 계약형 석사과정 운영중

[전북대학교 일반대학원]

모집 단위명	전임 교원수	교과과정	산학 연계 프로그램
정보보호 공학과 (학과간협동)	2	-	-

[포항공과대학교 정보통신공학대학원]

모집 단위명	전임 교원수	교과과정	산학 연계 프로그램
정보보호전공	–	–	–

[한국기술교육대학교 정보미디어공학대학원]

모집 단위명	전임 교원수	교과과정	산학 연계 프로그램
정보보호공학 전공	5	–	–

[한국정보통신대학교 공학부]

모집 단위명	전임 교원수	교과과정	산학 연계 프로그램
Information Security	–	–	–

[한남대학교 정보산업대학원]

모집 단위명	전임 교원수	교과과정	산학 연계 프로그램
정보보호학과	4	–	–

[한서대학교 일반대학원]

모집 단위명	전임 교원수	교과과정	산학 연계 프로그램
정보보호 공학과	4	–	–

[한세대학교 일반대학원]

모집 단위명	전임 교원수	교과과정	산학 연계 프로그램
정보보호공학 전공	4	1) 석사과정 IT시스템특강, 사이버정보전특론, 연구조사방법론, 고급시스템구조론특강, 정보보호시스템평가특론, 사이버테러대응세미나 2) 박사과정 정보시스템특강, IT전략시스템특강, IT무선통신특강, 사이버정보전특론, 정보보호시스템프로젝트, 연구조사방법론, 고급시스템구조론특강, 정보보호시스템평가특론, 정보시스템연구세미나, 사이버테러대응세미나	-

[호서대학교 일반대학원]

모집 단위명	전임 교원수	교과과정	산학 연계 프로그램
정보보호학과	5	암호학, 운영체제보안및실습, 네트워크보안및실습	-

부록 2.

국내 정보보호인력 양성기관 (민간 및 부설교육기관)

1. 민간교육기관

공공기관 이외의 민간 사설 교육기관을 통해 정보보호 교육은 온라인 및 오프라인 형태로 이루어지고 있으며, 해킹방지 및 포렌식이나 네트워크 보안, 보안 자격증 등 전문교육 중심으로 이루어지고 있는 것으로 파악된다.

표 1. 일반 사설교육기관의 교육현황

기관명	교육과정명	홈페이지
넷칼리지	데이터통신보안과정, 정보보호엔지니어전문가과정 등	www.netcollege.co.kr
라이지움	CISSP 자격증 과정 등	www.lyzeum.com
라카데미	정보보호전문가 자격증 과정	www.lacademy.co.kr
비트캠퍼스	컴퓨터 보안이론 등	www.bitcampus.co.kr
삼성SDS멀티캠퍼스	CISSP 대비과정, 네트워크보안 실무 등	www.multicampus.co.lr
디아이세미콘 교육센터	CCSA 자격증 과정 등	www.disemi.co.kr
쌍용정보통신 교육센터	보안 네트워크 프로그램 개발자 과정 등	www.sist.co.kr
썬교육테크	CISA 자격증대비 과정 등	www.untraining.co.kr
솔데스크	해킹보안전문가과정 등	www.ssoldesk.com
시스원 교육센터	정보보안 교육과정 등	www.sysedu.co.kr
아이티뱅크	정보보호전문가 자격증 과정 등	www.itbank.org
아이티뱅크 멀티캠퍼스	정보보안 전문가 과정 등	www.itbank21.org
이지스원	정보보안 전문가 과정 등	www.hackerscollege.co.kr
인섹시큐리티 보안교육	침해사고분석대응실무 등	www.insec-security.co.kr
캐드뱅크	시스템 해킹 등	www.cadbank.co.kr
한국정보보호교육센터 (KISEC)	정보보호 전문가 과정 등	www.kisec.co.kr
한국정보보호인식	정보보호 전문가 과정 등	www.securitya.co.kr
한국HP교육센터	정보보호 기초과정 등	www.education.hp.co.kr
KH정보교육원	정보보안 전문가 과정 등	www.iei.or.kr

출처 : 방송통신위원회, 행정안전부, 지식경제부, 국가보안기술연구소, 한국인터넷진흥원, 2010 국가정보보호백서, 2010.4

2. 공공기관 부설교육기관

가. 한국인터넷진흥원 KISA아카데미(www.kisa.or.kr)

기업 정보보호 담당자 및 전산담당자를 대상으로 한 기술교육 중심이다. 기업전략과 보안정책, 보안전략, 개인정보보호전략 등과의 연계 등 기업 차원에서의 관리교육이 추가될 필요가 있다.

표 2. KISA아카데미 2010년 정보보호 교육 계획

교육 수준	교육과정명	교육대상	교육 시간	교육 횟수	인원/회
초급	대학동아리 소양교육	대학생	14	1	85
	정보보호 순회강연회	기업체 (기관) 임직원 및 일반인	2	80	50
초~중급	온라인 정보보호 기초 교육	일반인	수시	수시	수시
	CSO/CPO 양성교육	기업체 CEO 및 임원	2	3	30
	사업자 개인정보보호 교육	개인정보취급사업자, 법규위반사업자, 홈페이지관리자 및 제작자	7	4	150
중급	대학동아리 실습교육	대학생	28	12	30
	핵심인력양성과정 (디지털포렌식)	분야 종사자	108	3	50
	핵심인력양성과정 (정보보안컨설턴트)	분야 종사자	108	3	50
	핵심인력양성과정 (RFID/USN보안)- 비정규	분야 종사자	108	3	30
	핵심인력양성과정 (바이오인식)-비정규	분야 종사자	108	3	30
	개인정보 보호조치 개선안내 교육	개인정보보호 담당자 및 책임자	3	4	100
	사업자 대상 개인정보보호 전문교육	사업자 개인정보보호 담당자	4	8	40
	사업자 대상 개인정보보호 순회교육	지방 소재 사업자 개인정보보호 담당자	4	5	80

교육수준	교육과정명	교육대상	교육시간	교육횟수	인원/회
중급	개인정보 영향평가 전문교육	정보보호 컨설턴트, 공무원, 기업직원	40	4	40
	전자서명인증관리 전문가 교육	공인인증기관 운영자, 전문보안업체 실무자, 학생 등	35	1	40
	cert 구축 및 운영	기업/학교 정보보호담당자	14	2	30
중~고급	네트워크 및 웹해킹 보안교육	국방부 정보보호 담당자	8	2	50
	정보보호 실습교육	기업체 보안실무자, 전산담당자	8	20	50
고급	정보보호심사원 전문교육과정 (정보보호 안전진단 분야)	안전진단 수행기관 심사원	20	3	100
	정보보호심사원 양성 및 교육 (ISMS 인증심사 분야)	정보보호 담당자	40	2	50
	정보보호제품 평가 · 인증 교육	평가신청업체, 학생, 일반인	80	2	30
	정보보호제품 제출물 작성 교육	평가신청업체	40	4	30
	주요정보통신기반시설 보호 전문가 워크숍	산/학/연 기반보호 전문가	4	1	30
	정보시스템 보안강화체계 교육	보안강화체계 시스템 운영자(KISA)	24	1	20
	정보시스템 보안강화체계 교육	정보화사업 검수담당자 (공무원)	8	1	20
	정보시스템 보안강화체계 교육	정보화사업 검수담당자 (공무원)	16	1	30
	정보시스템 보안강화체계 교육	행정기관용 정보시스템 개발자	16	3	20
	정보시스템 보안강화체계 교육	행정기관용 정보시스템 개발 관리자(개발업체)	8	1	20

※ 출처: www.kisa.or.kr/jsp/business/promotion/promotion_sub4.jsp

나. 한국인터넷진흥원 '보호나라(www.boho.or.kr)'

해킹, 바이러스, 개인정보보호 등을 쉽게 풀이하여 제공하고 있으며, 원격 PC 점검 서비스도 제공하고 있다. 특히, 개인정보에 대한 소개에서는 청소년 개인정보보호 피해사례, 예방법 교육교재, 교사와 학부모를 위한 청소년 개인정보 피해 사례 소개 자료집 등을 제공하는 '청소년 마당'도 운영 중에 있다.

그러나, 정보보호에 대한 많은 정보를 제공하고 있음에도 불구하고 활용도가 높지 않은 상태로서 이에 대한 홍보 등의 대책 마련이 필요하다.

그림 1. 보호나라(www.boho.or.kr) 메인 페이지

다. 한국인터넷진흥원 '정보보호기술 온라인 학습장(www.sis.or.kr)'

정보보호기술 온라인 학습장 홈페이지 내의 '학습공간'에서는 이론학습, 보안가이드, 정보보호 기초과정, 정보보호 실무과정, 웹호스팅 보안과정, SIS자격증 보수교육, ISMS 심사원 학습 등의 교육 컨텐츠를 무료로 이용할 수 있도록 하고 있다. 또한, '훈련공간'에서는 시스템 보안, 네트워크 보안, 애플리케이션 보안, 홈페이지 보안, 윈도우 보안, 중소기업 보안, 디지털 포렌식 등을 모의 상황을 통해 무료로 훈련할 수 있는 컨텐츠를 제공하고 있다.

그러나, 보호나라와 마찬가지로 정보보호에 대한 많은 정보를 제공하고 있음에도 불구하고 활용도가 높지 않은 상태로서 이에 대한 홍보 등의 대책 마련이 필요하다.

그림 2. 정보보호기술 온라인 학습장(www.sis.or.kr) 메인 페이지

라. 국가정보원 '국가사이버안전센터(service1.nis.go.kr)'

국가 및 공공기관의 보안담당자와 주요정보통신기반시설 관리기관의 보호책임자 등을 대상으로 기초과정과 전문과정으로 나누어 정보보호 관련 교육을 실시하고 있다. 교육내용은 국가정보보안 정책 및 관계 법령, 해킹사고 조사 및 복구 방법, 취약성 분석 및 평가 방법, 정보보호시스템 운영관리 방법, 위험분석 방법론 등이다.

그림 3. 국가사이버안전센터(service1.nis.go.kr) 메인 페이지

마. 국가정보원 ‘산업기밀보호센터(service4.nis.go.kr)’

중기청 및 중소기업진흥공단과 협조해 첨단기술을 보유하고 있는 국내 기업체 및 연구소를 대상으로 보안책임자 및 실무자를 대상으로 ‘산업보안 워크숍’과 ‘산업보안 설명회’를 정기적으로 또는 해당 기관의 요청시 방문하여 개최하는 방식으로 운영하고 있다.

국가정보원 산업기밀보호센터의 교육은 국책연구기관 등 국가연구개발사업을 주도하고 있는 연구기관에 대한 보안교육 및 컨설팅을 크게 확대해 막대한 국가예산이 투입된 국가핵심사업의 성과물이 해외로 유출되지 않도록 사전 차단하는데 주력하고 있다.

그림 4. 산업기밀보호센터(service4.nis.go.kr) 메인 페이지

바. 교육과학기술연수원(www.nest.go.kr)

일반 및 교육공무원을 대상으로 온라인교육의 형태로 개인정보보호 교육을 실시하고 있다. 정원은 500명이며 5일 과정에 년2회 실시하고 있다.

사. 산업기술보호협회(www.kaits.or.kr)

보호의 대상을 '산업기술'에 두고 기술기업의 기술유출을 방지하기 위해 산업기술 보유 기업의 임직원 및 보안 책임자 등을 대상으로 교육을 실시하고 있다. 현재, 산업기술보호협회의 교육은 초기 단계로서 온라인 교육은 없으며 기술유출방지 및 보호관련 특강과 산업보안 총론 및 보안 실무과정 등을 소집 및 방문을 통해 실시하고 있다.

아. 행정안전부 정보화교육포털(www.e-academy.go.kr)

공무원을 대상으로 정보화 능력 향상을 위한 교육을 실시하고 있다. 집합교육과 사이버 교육과정으로 정보보호 실무 따라잡기, 정보보안과 개인정보보호, 해킹이해 및 침해대응 전략, 정보시스템 보안전문가 과정 등을 운영하고 있다.

표 3. 한국지역정보개발원의 정보보호교육 현황

<table>
<tr><th>구 분</th><th colspan="2">교 육 개 요</th><th>교 육 대 상</th><th>교육시간</th></tr>
<tr><td>IT 교육</td><td colspan="2">정보기술</td><td>전직원</td><td>-</td></tr>
<tr><td>실용 교육</td><td colspan="2">컴퓨터 ART, 정보활용</td><td>전직원</td><td>-</td></tr>
<tr><td rowspan="10">전문 교육</td><td rowspan="5">정보보안</td><td>해킹원리 및 대응기술</td><td rowspan="3">정보보호 실무자,
웹서버 관리자</td><td>5일
(2회/년)</td></tr>
<tr><td>웹서버 해킹기술 및 대응실무</td><td>5일
(1회/년)</td></tr>
<tr><td>OS 보안강화 및 정보보호
기본원리</td><td>5일
(1회/년)</td></tr>
<tr><td>전산시스템 보안장비 구축 및
운영실무</td><td>정보보호 실무자,
전산시스템 관리자</td><td>5일
(2회/년)</td></tr>
<tr><td>개인정보보호 전문교육</td><td>개인정보보호
담당자</td><td>5일
(6회/년)</td></tr>
<tr><td rowspan="4">자격증</td><td>Cisco CCNA</td><td>네트워크
관리자/담당자</td><td>5일
(1회/년)</td></tr>
<tr><td>국제공인보안전문가 (CISSP)</td><td>정보보안
실무자/개발자</td><td>5일
(1회/년)</td></tr>
<tr><td>정보보호전문가 (SIS)</td><td>전직원</td><td>5일
(1회/년)</td></tr>
<tr><td>정보시스템감사사 (CISA)</td><td>전직원</td><td>5일
(1회/년)</td></tr>
<tr><td colspan="2">사업관리</td><td>사업담당자/ 관리자</td><td>-</td></tr>
</table>

자. 중앙공무원교육원(www.coti.go.kr)

정보보호 관련 교육으로는 국가의 전공무원들을 대상으로 온라인 교육으로 개인정보보호와 정보시스템 보안관리 교육을 실시하고 있다.

차. 지방행정연수원(www.logodi.go.kr)

정보보호 관련 교육으로는 국가의 전공무원들을 대상으로 온라인 교육으로 개인정보보호 교육을 실시하고 있다.

아. 한국지역정보개발원 (www.klid.or.kr)

정보보호 관련 교육으로는 공무원 및 공공기관 임직원을 대상으로 정보화 관련 교육과 개인 정보보호 교육을 실시하고 있다[표 3]. 집합 및 사이버교육으로 정보보호 관련 자격증 등 정보화 트렌드와 교육 대상자의 니즈에 부합하는 교육과정 우선 개설을 목표로 하고 있다.

부록 3.

인력수급전망 방법론

이 부분은 한국노동연구원의 "인력예측모형의 국제비교(2002)" 보고서와 정보통신부의 "IT전문인력 수급전망 방법론에 관한 연구(2004)" 보고서를 요약 · 정리한 것을 기본틀로 하여 작성되었습니다.

- 정보통신부(2004), IT전문인력 수급전망 방법론에 관한 연구.
- 노동연구원(2002), 인력예측모형의 국제비교.

인력 수급전망의 결과는 공공재적인 성격을 가지고 있다. 개인 혹은 기업 모두 인력 수급전망의 결과를 사용하기를 원하지만, 대부분의 개인들과 기업은 인력개발모형의 개발이나 예측의 수행에 수반되는 비용을 부담할 유인은 적다. 인력 수급전망의 결과의 사용으로부터 비용 부담을 하지 않은 주체를 배제시킬 수 없어 무임승차의 문제가 발생하기 때문이다. 실제로 인력 수급전망에는 상당한 비용이 수반된다. 우선 미시적인 수준과 거시적인 수준에서 인력 수요와 공급과 관련된 다양한 자료가 필요하다. 인력 수요와 공급의 추정 모형을 개발하는데도 상당한 비용이 수반된다. 비용을 부담하지 않은 자들이 수급전망 결과를 사용하는 것을 배재하지 못하는 상황에서 특정 기업이나 개인은 인력 수급전망을 위해 비용을 부담하지 않을 것이다. 그 결과 인력 수급전망은 정부의 지원에 의해서 수행되는 것이 보통이다.

인력의 수요와 공급을 예측하는 방법은 크게 인력 요건법(manpower requirements approach), 수익률법(rate of return approach), 사회적 수요법(social demand approach)이 있다. 이 중 가장 보편적으로 사용하고 있는 방법은 인력 요건법이다.

- 인력 요건법은 고정계수 생산함수(fixed-coefficients production function)를 이용하여 생산목표량을 달성하는데 필요한 노동수요를 예측하고, 노동 수요 예측치에 상응하는 교육훈련의 양을 산출하는 방법
- 수익률법은 인적자본에 대한 수익률의 상대적 크기에 따라 교육훈련구조도 달라진다는 것으로 간주하며, 고정계수 생산함수를 이용하는 인력 요건법과는 정반대로 생산요소들 사이의 완전한 대체성을 전제로 하는 방법
- 사회적 수요법은 공급측면 위주로 고용 및 교육훈련 수준을 예측하는 방법으로 경제체계가 자동적으로 노동력을 전부 흡수하며, 공급에 따라 노동수요 및 교육훈련 수요의 구조가 결정된다고 보는 방법

다음 표는 위의 세 가지 방법 중 가장 보편적으로 사용되고 있는 인력 요건법의 단계별 예측 과정을 보여주고 있다[1].

하지만 생산 요소들 사이의 비대치성, 직업-교육 사이의 일률적인 관계 설정, 일부 공급 측면의 효과 누락 등의 가정의 비현실성 때문에, 유용성 측면에서 비판을 받아왔다. 이 때문에 현재는 인력 요건법의 큰 틀은 유지하되, 문제점을 개선하는 방향으로 방법론이 개발을 위한 연구가 진행되고 있다.

주요국의 현재 인력수급전망 방법은 대부분 인력 요건법의 큰 틀을 유지하되 위의 한계점을 극복하기 위한 방향으로 진행되고 있다. 주요국별 수요와 공급 전망 방법을 나누어 살펴보면 다음 표와 같다. 전망 모형의 명칭은 주로 전망을 수행하거나 모델을 개발한 기관의 이름을 딴 것이다. 대부분의 국가들은 세부적인 내용에서는 서로 상이하지만 모두 인력 요건법과 사회적 수요법을 기반으로 한 수량적 예측의 접근을 하고 있다는 공통점을 가진다.

대부분의 인력예측 모형은 다음과 같은 틀을 지니고 있다. 우선, 거시적인 모형에 의해 5년~10년간의 산업별 고용을 전망한다. 그리고, 이러한 전망치를 직업 전망으로 전환하는데, 이 때 각 산업내에서 직종 구조의 변화에 대한 과거 데이터를 연장하여 산업별 직종 구조에 대한 전망치를 구하고 이를 산업별 고용 전망치에 곱하여 직종 전망치를 구한다.

1) Parners, H.S.(1962), Forecasting Educational Needs for Economic and Social Development, Paris: OECD.

표 1. 인력 요건법의 단계별 전망

단계		주요내용
1단계	현재 인력구조 파악	• 경제활동참가율, 직업별 실업률, 직업구조와 교육구조 등에 관한 자료들을 수집·정리하여 산업직업별·교육훈련 형태별 분류체계 검토
2단계	목표 연도의 총 노동공급 규모 추정	• 총 노동 공급의 과거 추세 자료와 함께 향후 사회적·경제적 변화에 대한 예상을 기초로 총 노동 공급 규모를 예측 • 인력 공급의 상한선 역할
3단계	경제 부문별 고용 수준 추정	• 국민경제의 생산 및 서비스에 관한 총 수요 예측치 자료를 토대로 투입-산출분석에 의한 산업별 수요 예측 • 산업별 노동생산성에 관한 추정치를 이용하여 산업별 수요 예측치에 부합하는 필요 노동량을 산출(노동과 타 생산요소 사이의 대체가 불가능한 고정계수 생산함수 이용)
4단계	부문별 직업구조 예측	• 과거 추세 이용한 외삽법/기업간 비교법/국제 비교법
5단계	직업별 교육자격별 노동수요 예측	• 현재 직업에 종사하고 있는 인력의 교육자리 고려 • 현장에서 요구되는 교육훈련의 기능·기술 분류체계를 구축
6단계	직업별 교육자격별 노동공급 예측	• 현재 노동력+순유입인원(졸업생, 직업 변경자, 재진입 인력, 사망자, 퇴직자, 직업 변경자) • 유입-유출계산법(inflow-outflow accounting method)/스톡계산법(stock accounting method)
7단계	수요 공급의 차이 파악	• 노동수요 예측치와 노동공급 예측치의 차이 비교

학력·자격 전망은 직종 전망을 전환하여 얻게 되는데, 산업 부문별 전망을 직업 전망으로 전환하였던 것과 유사한 방법을 사용한다. 즉 직종별로 과거 학력·자격별 구조 변화를 연장하여 직급별 학력·자격구조의 전망치를 얻게 되고, 이를 전체 직종 전망치에 곱하여 최종 전망치를 구한다. 이러한 산업별, 직업별, 학력·자격 전망을 위해서는 각각의 수준에서 충분한 시계열 데이터를 제공해야 한다. 대부분의 국가에서는 공식적인 정부 통계인 고용 조사와 인구 센서스 조사를 사용하고 있다. 대부분의 국가에서는 직업별 수요 전망이 궁극적인 전망의 목표이지만, 이와 함께 프랑스, 독일, 아일랜드, 네덜란드, 영국, 캐나다의 경우 교육 훈련 자격에 대한 전망도 실시하고 있다.

표 2. 주요국별 수요전망 방법 비교 1

구 분	미국	독일	프랑스	아일랜드
전망방법	인력요건법	인력요건법	인력요건법	인력요건법
전망기간 주기	2000~2010 (10년)	1999-2010 (11년)	2000~2010 (10년)	2000~2005 (5년)
전망기관	BLS 노동부 산하 통계국	IAB 민간&정부 연구기관	FLIP-FAP 고용부 산하 통계경제국	ESRI 고용훈련국 독립연구기관
전망의 활용	훈련, 교육, 이민 정책 관련기관, 직업 상담, 기업, 개인	정부	정부, 사회기관, 전문기관	고용, 과학기술 정책 기관, 직업상담 기업, 노조, 개인
수요전망의 수준	250개 산업, 500개 직업	37개 산업, 34개 활용분야	36개 산업, 22개 직업	29개 산업, 5개 직업
공급전망 방법	스톡계산법	스톡계산법, 유입유출법	스톡계산법, 유입유출법	스톡계산법

표 3. 주요국별 수요전망 방법 비교 2

구 분	네덜란드	영국	캐나다	일본
전망방법	인력요건법, 사회적 수요법	인력요건법	인력요건법	인력요건법
전망기간 주기	2001~2006 (5년)	2001~2006/ 2010 (5년/9년)	2000~2004 (4년)	1998~2010 (12년)
전망기관	ROA 연구/노동/농림부 독립연구기관	IER 교육/노동부 독립연구기관	HRDC 노동부 산하 독립연구기관, 지방정부	JIL 노동부 산하 일본 노동연구원
전망의 활용	연구노동농림부, 기업, 개인, 고용 알선	정책	훈련정책 기관, 훈련수요 평가 기관, 직업 기준, 기업, 개인	고용 측정 논의시 주요한 자료
전망의 수준	13개 산업, 127개 직업	49개 산업, 25개 직업	22개 산업, 139개 직업	283개 직업
공급전망 방법	유입유출법	유입유출법	유입유출법	스톡계산법

공급전망 방법으로서 크게 스톡계산법과 유입-유출계산법으로 살펴볼 수 있다.

- 스톡 계산법(stock accounting method)은 연령별·성별로 구분된 인구 그룹의 인구 예측치와 각 그룹의 경제활동참가율 예측치를 곱하여 전체 노동 공급 규모를 예측하는 방법이다. 따라서 연령별·성별 정도의 세분화는 잘 이루어져 전체 노동공급 인력에 대한 예측의 신뢰도가 높은 반면, 그 밖의 보다 세분화된 분류가 미비하여 다양한 정보를 반영하지 못한다는 단점이 있다.
- 유입-유출 계산법(inflow-outflow accounting method)은 비교적 세분화된 분류체계로 인해 각종 관련 정보를 충분히 반영할 수 있다. 이에 반해, 세분화된 분류로 인한 자료수집의 어려움으로 장기 예측에 대한 신뢰도가 떨어질 수 있다는 단점이 있다.

이러한 수요 및 공급 전망 방법을 통해, 정규교육기관의 졸업자들을 직업 또는 자격별로 전망하며, 이에 비정규 교육훈련기관의 훈련 이수자와 단기실업자를 직업 또는 교육자격별로 구분하여 더한 공급 전망치와 수요 전망치를 비교분석할 수 있다. 이로써 향후 전망 기간에 부족하거나 과잉인 직업 및 교육 자격 분야를 파악할 수 있게 된다.

1. 미국 BLS[2)]

BLS 수급분석 방법은 미국 노동통계국(Bureau of Labor Statistics)이 개발하여 경제성장, 산업연관, 고용구조의 전망을 복합적으로 반영하여 산업별·직업별 고용수요를 전망하는 데에 중점을 두고 있다. 이 분석은 또한 몇 가지 가능한 시나리오를 바탕으로 산업연관모델을 중심으로 이루어진다. 산업별·직종별 고용추계는 전체 경제 및 경제

2) www.bls.gov/opub/hom (BLS의 "Handbook of Methods")

부문별 통합된 추계를 바탕으로 이루어진다. 산업별·직종별 고용수요의 추정은 몇 단계의 독립적 추정단계의 최종 산물인데, 각 추정과정은 6단계로 이루어진다. 또한 각 단계마다의 일련의 투입된 결과와 선행 단계에 대한 반복적인 피드백을 통해 전체적인 분석이 이루어진다. 각 단계를 전망하는 것 자체가 하나의 큰 프로젝트이다. 각 단계별로 간략하게 정리하면 다음과 같다.

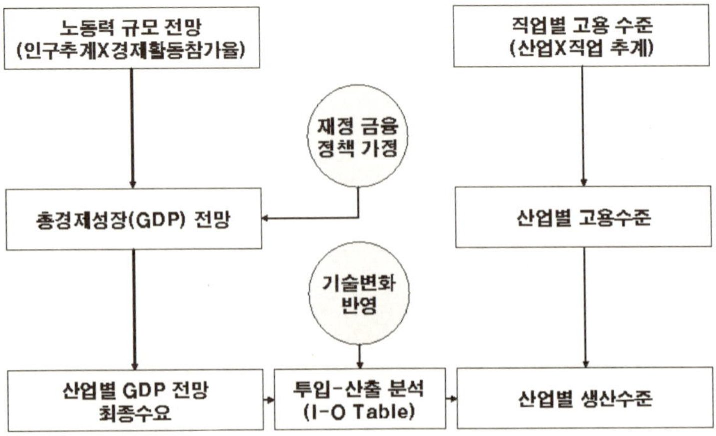

그림 1. BLS 수요 예측 모형

- 노동력의 규모 전망(Labour Force)
  - 향후 10년간의 인구 전망과 인구의 경제활동 참가율(Labour force participation rate)의 추세를 곱하여 전망할 수 있다. 인구 전망은 출생률, 사망률, 순 이주 등을 고려하여 나이, 성별, 인종을 기준으로 구분된 130개 집단에 대해 이루어진다.
  - 경제활동 참가율에 대한 예측은 130개 집단에 대한 과거 8년간의 추세를 토대로 이루어진다. 시계열 예측치가 횡단면 자료 분석 등의 결과와 일치하지 않는 경우 추가적으로 예측치를 일부 수정한다.

• 총 경제 성장 전망(Aggregate GDP)

– 국내 총 생산(GDP)에 대한 전망은 민간 기관인 Data Resources 社(DRI)의 거시경제모델을 이용한다. DRI의 미국 경제에 대한 모델은 1,300개의 내생 변수와 283개의 외생 변수를 고려하여 분기별로 전망치를 제시한다. BLS는 DRI에서 가정한 외생 변수들을 그대로 사용하는 것이 아니라 자체적인 가정을 반영하여 다양한 시나리오를 설정하고 있다.

• 산업별 GDP 전망

– 국가 GDP 전망치를 기초로 공공·민간 부문 180개 산업에 대해 추정한다. 우선은 국민소득항등식에 따라서 4개의 범주로 구분하고 그 다음으로 각 범주내에서 세부적인 할당이 이루어진다. 과정의 기본 틀은 최종소비자를 위한 최종 수요와 모든 상품 구매의 상세한 정보를 제공하는 미국의 투입-산출 계정의 집합으로 이루어진다.

• 산업별 생산수준 전망

– 산업별 생산수준을 전망하기 위해서는 GDP를 얻기 위해 필요한 경제의 재화와 서비스의 중간 흐름을 추정할 필요가 있다. 하지만 GDP는 최종구매자의 판매에 대한 개념만을 반영할 뿐이어서, GDP를 '총산출(total output)' 개념으로 전환할 필요가 있다. 따라서 투입-산출 모델은 총산출의 계산과 동시에 기술적 변화나 생산과정에 영향을 미치는 여러 요인들과 같은 변화를 고려할 수 있다.

• 산업별 고용수준

– 산업별 생산수준을 기초로 산업별 고용수준을 전망한다. 이를 위해서는 임금근로자와 자영업자에 대한 직업 수 및 노동 시간을 전망해야 한다. 우선, 임금 근로자의 노동 시간에 대한 수요 예측치는 CES (Constant Elasticity of Substitution) 생산 함

수를 통해 이루어진다. 이것은 산출에 대한 산업의 노동수요, 산출 가격에 관련된 임금률, 시간추세의 관계를 규정한다.

- 근로자의 평균 노동 시간의 전망치는 임금과 근로 시간에 대한 전망을 고용 전망으로 바꾸는데 이용되며, 임금근로자와 자영업자에 대한 고용 규모 예측을 가능케 한다.
- 두 예측의 전망치를 총계하여 산업별 고용 규모에 대한 예측이 이루어진다.

• 직종별 고용 수준 전망

- 직업별 고용 수준 전망은 250개 산업과 500개 세부 직업들에 대한 고용 분포를 나타내는 산업-직업 행렬에 기초하여 이루어진다. 우선, 과거 데이터를 이용하여 각 고용 패턴에 대해 선행 검토를 한다. 그런 다음, 고용 패턴에 영향을 미치는 요인들에 대하여 특정 산업과 직업, 기술적 변화, 기타 경제적 자료의 분석적 연구를 수행하여 반영한다. 마지막으로 산업 내 각 직업의 전망치를 직업별로 합하여 고용전망이 이루어진다.

BLS 직업 전망 프로그램은 미국의 노동시장정보시스템과 연계되어 있으며, 이는 고용훈련관리국에 의해서 관리되고 있다. BLS는 전망의 정확성을 주기적으로 평가하고 있다.

2. 독일 IAB[3)]

독일의 고용연구원인 IAB(Institute fur Arbeitmark und Berusforschung)에서는 산업별, 직업별 고용 수준에 대한 예측을 장기 예측 모형을 통해 수행하고 있다. IAB모형에서는 각 산업의 생산 예측치와 노동생산성 예측치 사이의 고정 관계를 전제로 산업별 노동 수요 예측치를

3) www.iab.de/de (독일 고용연구원; Institute fur Arbeitmark und Berusforschung)

도출하며, 이때 해당 산업의 수익·비용, 자본변수, 기술 진보 등을 추가적으로 고려하고 있다.

독일 IAB 모형의 기본 구조와 예측 과정을 도식화하면 그림과 같다.

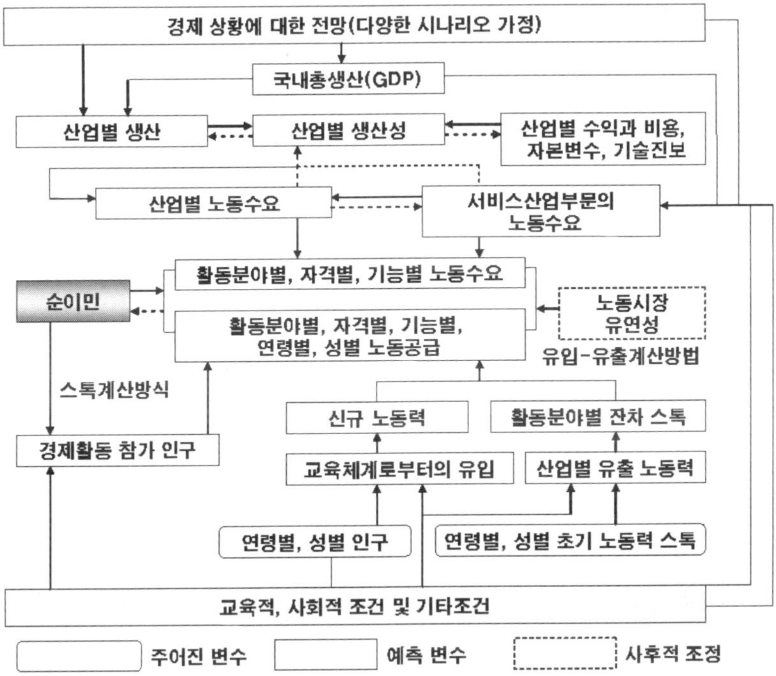

그림 2. IAB 인력예측 모형의 기본 구조

그림 상단의 산업별 노동 수요에 대한 전망은 기본적으로 산업별 GDP → 산업별 생산 수준 → 산업별 고용 수준 → 활동 분야별 고용 수준이라는 인력 요건법의 틀을 기초로 하고 있다.

IAB 전망은 기술, 경제 및 사회적 영향 요인 등을 종합적으로 고려하여 사후 분석이 이루어지며, 산업, 직업, 자격 수준에 영향을 미치는 요인들에 대한 전반적인 분석이 이에 해당한다. 또한 IAB는 정량적, 정성적 평가 방법을 적용하는데 각각은 다음과 같다.

- 정량적인 방법으로는 추세 외삽법에 의한 산업별, 직업별, 가격 수준별 노동 수요를 예측한다. 먼저, 과거 데이터에 대한 실증적 분석을 거친 후 이를 토대로 미래 전망치를 도출하고 이를 기수에서 서수 상태로 변환 및 표준화 한다. 이때 이들 준거 기간에 발생한 흐름이 전망하는 기간에도 같은 추세를 보일 것으로 가정한다.
- 정성적인 방법은 정량적인 방법으로 예측할 수 없는 요인들을 고려하기 위해 적용한다. 즉, 기본적인 추세를 따르는 기본적인 전망 후에는 직업들에 영향을 미치는 다양한 문제들을 고려하는 것이다. 산업별, 직업별, 자격별로 정성적인 영향 요인들을 고려하고 과거 추세에 따른 외삽 결과에 보정을 가한다. 이러한 조정 절차는 산업별, 직업별, 산업×직업 매트릭스 예측에 동일하게 적용된다. 우선 자격별 노동력 수요에 대한 예측을 위해서 산업×직업 매트릭스에서 기술 구조를 파악함으로써 예측한다. 매트릭스별로 필요로 하는 자격 수준을 파악하고 전체적인 기술 수준별 수요를 전망하는 것이다. 노동력 공급에 대한 예측도 노동 시장 정보 시스템에서 필수적이므로 필요한 직업의 수를 파악하여 수행한다. 노동력은 수입이 있는 근로자와 실업자의 수로 계산되며, 노동력 수요와 비교할 시에, 특정 노동 시장의 상황이 과거 높은 고용을 보인 상황과 어떤 차이를 보이는지 알 수 있게 된다.

3. 프랑스 FLIP-FAP

FLIP-FAP 모델은 프랑스가 노동 수요 예측을 위해 사용하고 있는 모형이다. 공급 측면에서 순이민, 실업자수의 변화 등을 고려하여 전체 노동 공급 규모를 전망하고 있다. 참고로 프랑스는 2000~2010년간 산업별 수요를 예측하기 위해서 거시 산업 모델인 HERMES 모델을 사용하고 있으며, 22개의 직업군과 75개의 특정 직업에 대해 직업별 전망을 수행하고 있다. 2010년까지의 직업 전망을 노동 수요 방정식에 근거하여 작성하고 있으며 이는 생산 함수를 기초로 작성한 것이다. 이때, 직업별로 개별적인 수요 방정식을 만들면서 하나의 직업은 다른 직업과 대체가 불가능하며, 노동시장에서의 지연으로 고용이 고용 목표치에 즉각적으로 반응하지 않는다는 가정이 존재한다.

다음 그림은 FLIP-FAP 모형의 기본 구조를 보여주고 있다.

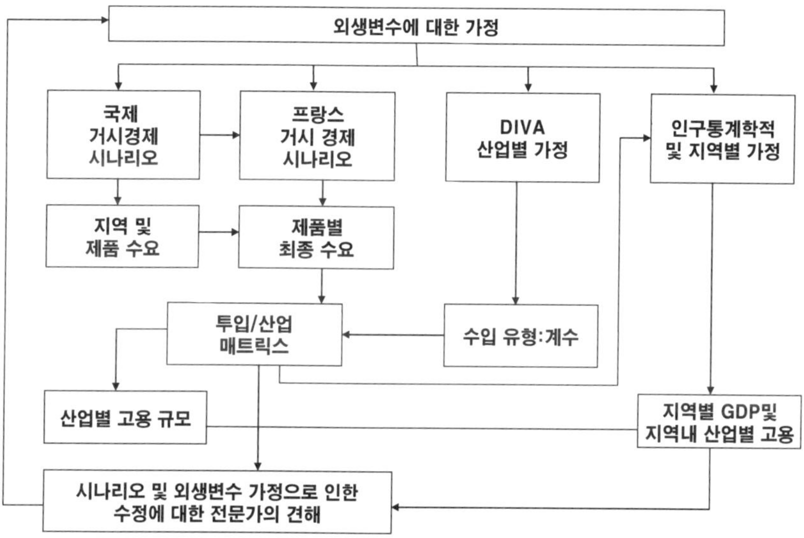

그림 3. FLIP-FAP 모형의 기본 구조

- 거시 경제 시나리오
  - 노동력 전망을 위해서는 기본적으로 경제활동인구에 대한 전망, 구직 인력의 추이, 주당 평균 노동시간에 대한 전망과 같은 거시경제학적 가정이 선결되어야 한다.

- 직업별 전망
  - 추정방정식은 직업별 과거 고용 상황과 산업별 전망에 따른 결과를 모두 고려하고 있다. 2010년까지의 직업 전망은 노동 수요 방정식에 근거하는데, 이는 생산 함수를 기초로 한 것이다.

- 직업별 노동 수요 방정식을 수식으로 표현하면 다음과 같다.

. $nt = Ant-1 + Bdh + Cqt + DK + rt + \varepsilon$

$(nt = \log(Nt), nt-1 = \log(Nt-1), dh = \log(DH), qt = \log(Qt), k = \log(K))$

· $Nt = Ant-1 + (1-A)qt + rt + \varepsilon$

노동(L)은 근로자의 수(N)와 평균근로시간(DH)을 고려하여 산출된다. A, B, Q, K, R은 노동수요등식 계수로, A는 과거의 노동탄력성, B는 근무시간 탄력성, C는 생산 탄력성, D는 자본 탄력성, r은 기술발전률을 나타낸다.

- 고용구조가 현재보다 더욱 3차 산업 중심이 될 것이며, 제조 및 건설업의 경우 전체 비율의 25% 정도만 차지할 것으로 전망하고 있음

• 자격별 전망
  - 중상 수준 이상의 자격을 요하는 직종은 양적으로 확대될 것으로, 최고 수준의 자격을 요하는 직종(연구개발, 방송, 훈련, 신규 기술 등)은 크게 늘어날 것으로 전망

• 직종별 전망
  - 세부 직업에 대한 전망의 경우 성장률에만 초점을 둘 것이 아니라, 고용 수준의 절대적인 변화와 직업간의 성장률 모두에 중점을 두어야 함
  - IT 부문의 매니저와 엔지니어, 훈련 관련직 등에 대한 노동 수요가 상당수 늘어날 것으로 예상함

• 총 결원수
  - 직업별 고용성장에 대한 전망과 함께 노동수요의 또다른 측면은 전직이나 은퇴 등을 하고자 하는 근로자를 대체할 수 있느냐이다. 대체 수요에 대한 예측은 매우 복잡해서 통계 자료만으로 근로자의 끊임없는 직업으로의 유입 및 유출을 파악하는 것은 불가능하다.

- 프랑스는 노동 공급 측면에서는 교육훈련체계로부터 유입 또는 유출되는 추세가 예측기간 중에 변하지 않는다는 강한 가정하에서 순이민, 실업자수의 변화 등을 고려하여 전체 노동공급 인원을 산출하고 있다. 그리고, 이러한 노동수요 측면과 노동공급 측면의 예측치들을 서로 비교한 후 미래에 나타날 수급불균형의 정도를 가늠한다.

프랑스의 인력 전망을 위한 가장 핵심적인 자료는 고용조사와 직업훈련자격조사인데, 이 두 조사 모두 INSEE(National Insitutute of Statistics and Economic Studies)에 의해 수행되고 있다. 또한, 자격별 수요예측을 위해서 CEREQ(Centre for Research on Training, Employment and Qualification)에서 수행하는 신규 노동시장 진입 인력에 대한 조사(비정기적인 조사)와 회사의 직업 훈련에 대한 데이터(연간 의무 조사)를 활용하고 있다. 이 밖에, 인구 센서스(8년 주기) 조사, 피훈련자 조사, 구직자 조사, 인력이동 조사가 인력 전망을 위한 주요 기반자료로 활용되고 있다.

4. 아일랜드 FAS-ESRI[4)]

아일랜드의 경제사회 연구원(Economic and Social Research Institute, ESRI)과 훈련고용청(Training and Employment Authority, FAS)가 공동연구한 방법론이다. 공동 연구의 결과는 FAS/ESRI Manpower Forecasting Studies Series[5)]로 발간되었다. 가장 최근 발간된 보고서는 12번째 보고서인 2007년 8월 발행된 Occupational Employment Forecasts 2012: FAS/ESRI Manpower Forecasting Studies Report 이다.

4) www.esri.ie(ESRI)

5) www.esri.ie/publications/latest_publications/view/index.xml?id=2264

FAS/ESRI 모형의 기본 구조는 그림과 같다. 여기서 설명되는 직업 전망은 ESRI Medium-Term Reviews(MTRs)[6]시리즈에 실려 있는 부문별 고용전망에 근거한 것이다. 이 시리즈는 거시적 경제모델에 근거한 것으로, 고용 전망과 주요 경제, 금융, 회계와 관련된 경제 전반에 걸친 전망을 하고 있다. 1999년의 전망은 2005년까지의 전망을 담고 있으며 거시경제모델은 직업별 고용 전망에 필수적인 기초 사항을 규정하고 있다.

다음 그림은 산업별 전망, 산업내 고용 변화 패턴 분석, 2005년도 직업 전망의 도출 방법을 포함한 여러 과정을 보여주고 있다. 비록 전망에 있어서 산업별 전망이 직업별 전망을 위한 필수불가결한 중간 단계이기는 하지만, 실제 전망은 직업별 전망만이 발표된다. 이는 산업별, 직업별 전망을 동시에 고려하기에는 데이터와 방법론의 신뢰성이 떨어지기 때문이기도 하다.

6) www.esri.ie/irish_economy/mediumterm_review(ESRI Medium Term Review)

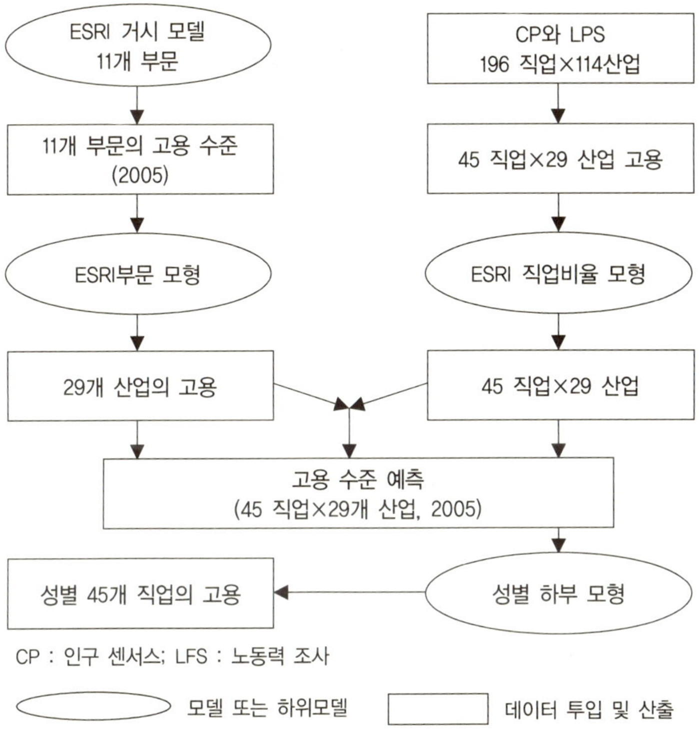

그림 4. FAS/ESRI 모형의 기본 구조

• 거시경제모델
- 인구 추계 및 노동력 구성에 대한 가정에서는 연령별 인구 구성과 출생률, 사망률, 이민 등의 추세를 고려하였다. 전체적으로 평균 2% 이상의 GNP 성장률을 기록할 것과 공공재정이 상당한 흑자를 기록할 것으로 가정하였다.

• 산업별 전망
- 산업별 고용 규모의 전망은 기본적으로 단순 회귀 분석을 통해 이루어지지만, 공공 부문과 같은 인구 통계학적 추세와 정부 정책이 중요한 변수로 고려되는 부문의 경우에는 정성적 평가에 기초하여 전망하였다.

• 직업별 전망
- 각 산업내에서의 직업별 분포에 대한 전망을 기초로 한다. 아일랜드는 표준산업분류 및 표준직업분류를 적용한 29개 산업과 45개 직업에 대한 분류 기준을 사용하고 있다. 산업별 매트릭스를 예측하기 위한 방법은 크게 3가지로 구분된다. 첫 번째는 기하학적 외삽법을 적용하는 것이며, 두 번째는 선형 회귀식을, 세 번째는 semi-log 회귀식을 적용하는 것이다. 이 때, semi-log 회귀모형은 산업내 직업 비중의 변화률이 시간이 지남에 따라 안정화되는 상황을 의미하는 것이다.

• 성별 전망
- 아일랜드 인력예측모형의 특이한 점은 성별 전망을 추가적으로 하고 있다는 점이다. 직업별 전망이 이루어지면 추가적으로 직업별 성별 전망이 이루어지는데, 이는 각 직업에서 여성이 차지하는 비중에 대한 과거 데이터를 토대로 이루어진다. 대부분의 경우 선형 회귀식을 통한 추정법을 사용하고 있는데, 일부 직업의 경우 변화률이 크기 않아 semi-log 회귀식을 통한 추정법을 사용하고 있다.

직업 전망과 관련한 정책에 대해서는 국가고용및훈련위원회(FAS)가 주도권을 쥐고, 프로젝트 수행 및 자금지원의 업무를 한다. FAS에서는 훈련 및 기타 다른 인력프로그램을 계획하는데 직업 전망이 필요하다고 보고 있으며, 이는 거시경제학적 또는 전략적 기획을 지원할 수 있는 하나의 방법으로서 더 많은 전망들이 이루어져야 한다는 것을 의미한다.

향후 직업 변화에 대한 전망을 보면, 가장 많이 증가할 것으로 보이는 분야는 기술 및 비즈니스 분야의 전문가로 나타나고 있다. 이러한 전망결과를 통해, 이 분야에 대한 고용 및 훈련에 관련 설비를 확대해야 한다는 지속적인 요구가 있다.

5. 네덜란드 ROA

ROA는 네덜란드에서 교육 및 노동시장의 정보를 생성하기 위한 목적으로 적용 중인 모델로서, 향후 5년에 대한 인력수급예측을 격년으로 진행하고 있다. ROA 모형의 특징을 살펴보면 다음과 같다.

- ROA는 교육형태 및 수준에 대한 특정기간 중의 수요를 직접 도출하고 이를 공급과 비교함으로써, 특정한 교육훈련을 받고 노동시장에 진입하는 자들의 구직에 성공할 가능성을 수치로 제시하고 있다.
- ROA 모형은 고정계수모형(fixed coefficient model) 대신 설명변수모형(explanatory variable model)을 통해서 고용의 직업 및 교육 훈련형태의 구조를 추정함으로써 시간에 따른 구조변화를 반영하고 있다.
- 다양한 교육 형태별로 사전적 혹은 사후적인 대체과정을 명시적으로 모형에 포함시키고 있다는 점이다. 예를 들어 인력의 공급이 수요를 초과했을 때, 공급이 풍부해진 인력을 기업이 낮은 임금으로 활용하는 것을 사전적(능동적)대체라고 하며, 다른 전공분야

졸업자에 대한 고용을 줄이는 것을 사후적(수동적)대체라고 한다.

- 5년간의 예측기간 중 각 년도에 대한 인력수급을 비교분석 하지 않고 전체기간에 걸쳐 교육수준 및 전공별로 수급 분석을 실시하고 있다. 이때 신뢰성을 위해 질적인 정보제공에 치중하고 있다. 질적인 전망을 위해 필요한 것이 바로 적절한 교육수준 및 전공의 분류인데, 이를 위해서 교육수준 및 전공간의 유사성 지수(similarity index)를 개발하여 활용하고 있다.

- 다섯 번째로 ROA는 산업별 고용과 정규교육기관의 공급에 대한 예측치를 정책당국과의 협조로 유용한 예측치를 활용함으로써 교육과 노동시장의 일치에 관하여 전문적인 모형을 발전시키도록 하고 있다.

- ROA모형은 교육 형태들 사이의 대체 가능성, 경기변동에 따른 고용구조의 변화 등 발생 가능한 변화를 예측하기 위해 다양한 지표를 개발하여 교육수준 및 전공에 대한 향후 노동시장의 질적인 전망을 보완하고 있다.

ROA의 수급예측모형은 유입-유출분석이며, 수요와 공급을 직접적으로 비교하고 있다는 점에서 다른 모형과 구분이 된다. 교육기관에 의한 인력의 공급은 교육기관에 의한 교육형태 및 교육수준에 의해 분류되며, 인력의 수요는 직업별로 도출된다. 따라서 수요와 공급을 비교하기 위해 ROA 모형에서는 직업과 교육 형태와의 관계를 분석하여 인력 수요를 교육 형태별로 도출하고 있다. 이때, 수요는 확장수요(expansion demand)와 보충수요(replacement demand)로 구분하고 있다. 확장수요는 고용수준의 순증가분을, 보충수요는 기존 근로자의 일부가 퇴직, 사망 등으로 노동시장에 퇴출되거나 타 직업군으로 이동할 때 발생하는 수요를 의미한다.

ROA 모형에 사용되는 가장 중요한 자료는 네덜란드 통계청에 의해 수집되는 네덜란드 노동력 서베이이다. 이외에 중요한 외부자료로는 네덜란드 경제정책분석국(CPB)의 산업부문별 고용전망치와 교육문화과학부의 정규교육기관의 졸업자 전망치가 있다. 단 이러한 자료를 ROA 모형에 맞도록 가공하기 위해서 ROA는 정규교육기관졸업자에 대한 다양한 조사를 하고 있다. ROA의 조사는 104개의 교육유형으로 분류된 졸업자의 노동시장 진입과 관련된 자료를 얻는데 사용된다. 단기 실업자의 교육적 배경을 파악하기 위해 실업자 서베이 자료도 활용한다. 다음 표는 ROA 모형을 추정하기 위해 요구되는 자료를 나타낸다.

표 4. ROA 모형추정에 필요한 자료

모 듈	요구되는 자료	요구되는 시계열(년)
직종별 확장수요	산업×직종 매트릭스	5~10
교육형태(수준)별 확장수요	직종×전공(교육수준) 매트릭스	5~10
직종별 보충수요	직종×성별×연령별 자료	2~10
교육형태(직종)별 보충수요	교육형태(수준)×성별×연령별 자료	2~10
교육기관으로부터의 인력공급	학생수×전공(수준)×학년×성별	1~5
	부가 교육훈련×전공(교육수준)	1~5
단기 실업자	단기실업자×전공(교육수준)	1

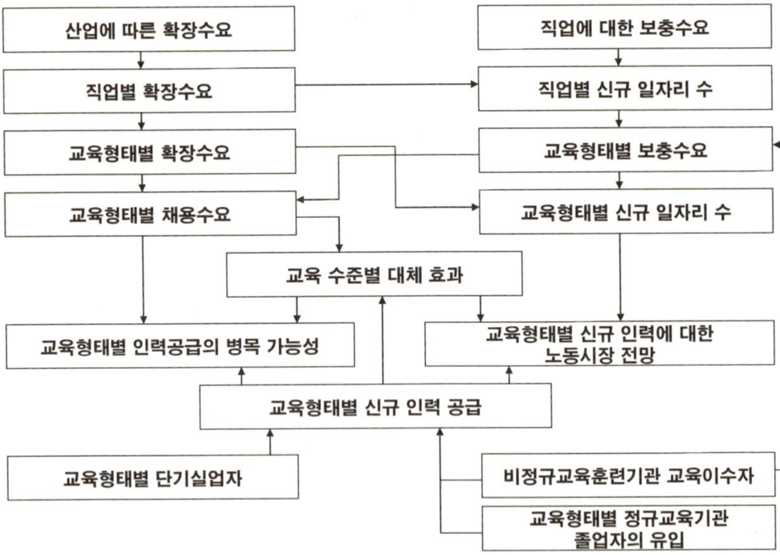

그림 5. ROA 모형의 기본 구조

ROA 모형의 기본 구조는 위의 그림과 같다.

- 확장수요와 대체수요
  - 확장수요에 대한 예측은 CPB(네덜란드 경제정책분석국)의 다부문 모형으로부터 출발한다. 다부문 모형은 네덜란드 경제를 14개 산업으로 나누고 있으며, 이들 산업에 대한 고용예측치를 제시하고 있다. ROA는 부문별 확장수요 예측치를 직종별 확장수요예측치로 변환시킨 후 이를 다시 교육형태별 예측치로 변환시킨다.

- 보충수요
  - 보충수요를 예측하는 방법은 크게 세 단계로 나누어진다. 첫 번째 단계는 직업군별로 유입과 유출패턴을 파악하는 단계인데, 연령세대별로 유입 및 유출에 대한 추정이 이루어진다. 두 번째 단계는 순유입 혹은 순유출비율을 보충수요로 전환시키는 단계

이다. 세 번째 단계는 특정 직업군에 대한 과거 연령별, 성별 보충수요의 추세를 토대로 향후 연령별, 성별로 보충수요를 도출한다. 이 단계에서 경기변동에 의한 연령세대별 유출입의 변화와 경제활동참가율의 변화에 따른 유출입의 변화는 보정된다.

• 공급예측
- 공급예측은 크게 세 부문으로 구성되어 있다. 교육형태 및 수준별로 정규교육기관으로부터 노동시장으로 유입되는 인력이 전망되고, 비정규교육훈련기관으로부터 교육훈련을 받은 후 향상된 자격을 갖춘 인력의 유입이 감안되며, 또 1년 미만의 실업기간을 가지고 노동시장 신규진입인력과 경쟁하고 있는 단기 실업자들도 공급에 포함된다.

6. 영국 IER[7)]

IER은 영국 워릭 대학의 고용연구소로서 영국의 중기적인 고용 구조에 대한 전망치를 지속적으로 내놓고 있다. IER 인력 예측 모형은 BLS(미국)와 함께 직업수준에서의 전망을 제시하는 모델로서, 다부문 역동 모델(Multi-sectoral Dynamic Model, MDM)이라는 거시경제모델을 사용하고 있다.

다부문 역동 모델이 채택하고 있는 노동수요 방정식은 49개 경제부문들의 고용 수준을 예측할 수 있도록 하고 있다. 이렇게 경제 부문별 고용 수준 예측이 이루어지면 하부 모형인 직업그룹별, 성별, 지역별, 그리고 자격별 고용 수요에 관한 예측치를 구하게 된다. IER의 기본 구조는 다음 그림과 같다.

7) www2.warwick.ac.uk/fac/soc/ier(워릭 대학의 고용연구소)
IER : Institute for Employment Research at the University of Warwick

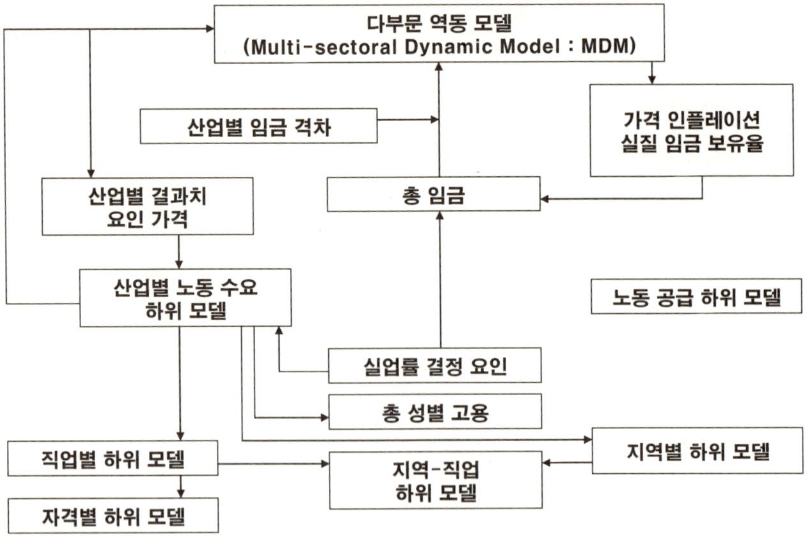

그림 6. IER 모형의 기본 구조

7. 캐나다 COPS

COPS는 캐나다의 직업전망 시스템(Canadian Occupational Projections System)으로써, 139개의 직업과 캐나다의 직업분류 시스템에 기초한 5개의 기술군에 대한 수요와 공급 통합 모델이다. 이 모델은 본래 수요를 예측하는 인력 요건법에서 기초하고 있다. 초기 수요 예측을 기본으로 시작해 현재는 직업과 교육 수준간의 불균형 문제를 다룰 수 있도록 하고 있다.

COPS의 기본 구조는 다음 그림과 같다.

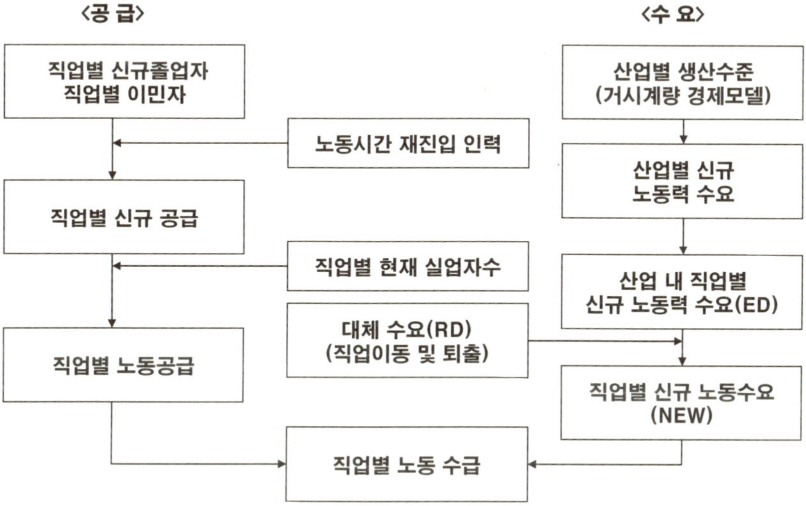

그림 7. COPS 모형의 기본 구조

COPS는 수요 모델, 공급 모델, 수급의 조합, 잉여 공급, 전망 등으로 구성된다.

- 수요 모델: 신규 수요 = 성장 + 대체
  - COPS 모델의 수요 측면은 직업 고용에 대한 추정치를 제공해준다. 수요 예측 시에는 우선 거시 경제학적 모델을 이용하여 산업 종사자에 대한 추정치를 구해야 한다. 이때, 전반적인 GDP의 성장률에 대한 가정이 필수적이다. 다음으로 산업의 고용 수준 예측은 산업별 직업 예측으로 진행된다. 산업 내 직업별 예측을 위해서는 고정회귀계수(fixed coefficients)법을 이용하는데, COPS의 경우 시간에 따라 변화하는 회귀계수의 추정치를 추가로 사용한다. 현재는 예측 기간 동안 변화를 허용하는 회귀계수를 추정하기 위해 과거 데이터와 단순 회귀 모델을 사용하고 있다.

• 공급 모델: 신규 공급 = 졸업(퇴학 및 이수 포함) + 이민 + 재진입

- COPS는 기존의 예측 모델과는 별개로 직업의 미래 전망에 대한 세부적인 공급 전망치를 제공해주고 있다. 신규 공급 인력의 예측은 크게 3가지 측면에서 파악할 수 있는데, 졸업자(이직, 퇴학자), 이민자, 노동시장 재진입자가 해당된다. 학교 이탈자의 경우에는 학교-직업 전환 매트릭스를 기초로, 과거의 졸업자를 상대로 직업으로의 전환 과정을 조사함으로써 예측한다.
- 이러한 방법은 교육-직업 전환과정에 대한 상세한 추정치를 제공할 수는 있지만, 과거에 특정 교육을 받은 사람이 반드시 그 직업으로 간다는 것을 보장할 수 없다는 즉, 교육 과정의 대체성을 고려하지 못하는 문제점을 가지고 있다. 또한 장기적인 직업의 예측 시에는 학교 재직자의 미래 규모에 대한 인구 통계학적 모델에 기초하여 졸업자 규모를 예측함으로써 이루어진다. 이수 과정상에 이탈한 자의 경우에는 하위 교육과정의 이수자로써 포함시킨다. 이렇게 교육 수준과 그 수준별 졸업자의 전공분야에 대한 규모를 기초로 한 전환 매트릭스를 통해 미래 졸업자들을 각 직업으로 할당하게 된다.

• 균형: 수요와 공급의 조합

- COPS에서의 수요와 공급을 통합하는 과정은 수요 모델에서 신규 직업(NEW)에 대한 추정치와 공급 모델에서 직업에 대한 공급치를 비교함으로써 이루어진다. 이때, 공급과 수요 데이터는 직접적으로 비교할 수 있으며 잉여공급을 정의하여 파악할 수 있도록 하고 있다. 수요와 공급의 통합은 초기의 수요 측면만 고려한 인력 요건법과 비견될 수 있다. 동일한 임금 수준을 가정한 수요 모델의 추정치는 수요 곡선이 변화하는 정도를 추정한다.
- COPS 시스템은 예측 기간 동안의 매년 예측치들이 향후 노동시장의 상태(FLMS)에 대한 추정치를 개발하기 위해 사용될 의

도로 개발되었다. FLMS 측정치는 특정 직업에서의 직업 전망이 개선되고 있는지 아닌지를 측정한다. 이는 잉여와 공급의 시간에 따른 변화율로써 잉여치가 감소하고 있거나 부족치가 증가하고 있다면 직업 예측이 개선되고 있다고 볼 수 있다.

- 잉여 공급: (신규 공급 + 실업자) - 신규 수요: 잉여(〉0), 부족(〈0)
  - 잉여 공급이 0이라면 특정 직업의 시장은 균형 상태에 있다고 볼 수 있다. 이에 더하여 COPS 모델에서는 예측 기간 동안 발생할 수 있는 변화를 적용하기 위해, 향후 노동시장의 상태(Forward Labour Market Situation, FLMS)에 대한 추정치를 반영하여 잉여와 공급의 시간에 따른 변화율을 예측하도록 하고 있다.

결론적으로 캐나다는 139개의 세분류 수준에서의 직업과 5개의 기술 범주에 종합적인 수요 공급 모델을 사용하여 직업과 교육수준에 따른 불균형에 대한 경보를 울리는 시스템을 구축해 놓고 있다. COPS 모델은 현재의 실업자 규모의 존재를 고려한 신규 공급과 신규 수요의 차이를 직접적으로 보여줄 수 있도록 설계되었다.

8. 일본 MOL[8)]

MOL 인력 예측 모형은 정부의 고용정책기본계획 수립을 목표로 개발한 노동시장 예측 모형이다. 이 예측 모형은 노동력 수요 블록(Labor Demand Block), 노동력 공급 블록(Labor Supply Block), 수요 공급 블록(Supply-demand Adjustment)의 3가지 블록으로 구성된 다부문(multi sector) 계량경제학 모델이다.

8) www.mhlw.go.jp (일본 노동성; Ministry of Health, Labor and Welfare)

MOL의 기본 구조는 다음 그림과 같다.

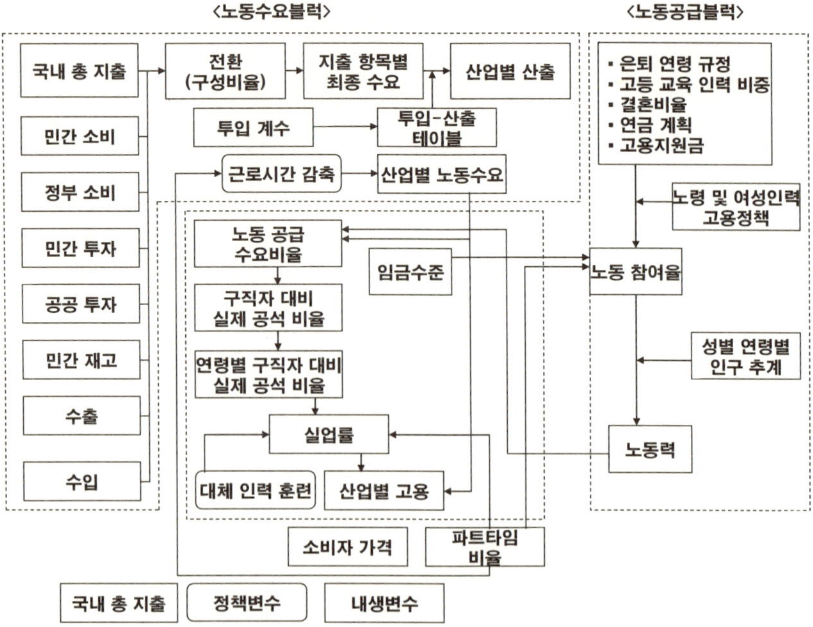

그림 8. MOL의 노동시장 예측 모델

- 노동력 수요 블록
  - 노동시장은 거시경제학적 환경에 크게 의존한다. 수요 예측시 세 가지 경제성장의 시나리오를 설정하여 사용하였다.
  - 이러한 가정에 기초하여, 주요 소비 항목인 민간소비, 정부소비, 민간 및 정부 투자별 국내 총 지출이 외생변수로 설정된다. 이 값들은 이어서 Input-Output 매트릭스를 사용하여 산업별 수치를 산출한다. 최종적인 산업별 노동 수요는 앞의 산출치를 노동 수요 함수 과정을 거쳐 추정한다.
- 노동력 공급 블록
  - 노동력 공급은 성별, 나이별 규모를 예측하는데, 인구 추계에 노동 참여율을 곱하여 추정한다. 이때 노동 참여율은 고령자와

여성 인력에 대한 고용확대 정책에 따라 바뀐다.

• 수급 조정 블록
  - 노동 수급률은 노동 공급과 노동 수요에 대한 추정치를 결합하여 결정된다. 이때 직업의 실제 구직자 대비 공석의 비율을 고려하여 임금 수준과 실업률을 결정하게 된다. 따라서 노동 공급의 규모와 실업률, 산업별 노동 수요를 고려하여 산업별 고용 규모를 추정한다.
  - 임금 수준은 노동력 공급 블록과 노동력 수요 블록에 영향을 미쳐 산업별 노동 수요와 성별/연령별 노동참여율을 조정하게 된다. 노동 수급율도 이러한 맥락으로 조정되며, 내생변수의 각 수치가 균형 상태에 이를 때까지 반복한다.

MOL 노동시장 예측 모델은 고용정책위원회에서의 주요한 논의자료로 채택되고 있기 때문에 정책수립과정을 통해 제도화될 수 있다는 장점이 있다. 반면, 과학적 접근보다는 정치적인 고려사항이 영향을 미칠 수 있다는 단점도 지적되고 있다.

부록 4.

국외 정보보호인력 교육 및 양성 현황

1. 미국

미국의 정보보호 분야 인력 양성은 국가 주도로 이루어지고 있으며, 양성된 정보보호 인력의 질을 매우 엄격하게 관리하고 있다.

1990년 후반 인터넷의 의존도가 급격히 증가하면서 새로운 환경 변화에 대처하기 위하여 1996년 클린턴 대통령이 국가 전체의 기반시설을 보호하기 위해 민간과 정부에 대한 종합적인 대책을 세우고자 1998년 5월 "The Clinton Administration's Policy on Critical Infrastructure: Presidential Decision Directive 63"(PDD 63)이 작성·발표되었다. 2000년에는 PDD 63을 뒷받침하는 종합계획안인 "Defending America's Cyberspace - National Plan for Information Systems Protection Version 1.0 : An Invitation to a Dialogue(NPISP)"가 발표되었다. 이 계획은 미국을 사이버테러 등 각종 위협으로부터 방어하기 위하여 모든 분야를 포괄한 종합적인 정책방향을 제시하고 정부가 추진해 나갈 프로그램들을 10가지로 나열하여 규정하고 있다.

NPISP(National Plan for Information Systems Protection)에 규정된 미국의 정보보호정책과 기술의 개발 및 운영은 기본적으로 국방부(DOD) 산하 연방보안국(National Security Agency, NSA)을 중심으로 관련 부처(국립표준기술연구소(National Institute of Standards and Technology, NIST), 연방인력관리청(Office of Personnel Management, OPM))와 연구소 등이 범부처적으로 참여하는 형태이며, 정부 차원의 정보기술직업 연구, 교육기관 우수활동 지원프로그램, 연방공무원의 정보보호 인식제고 등 다양한 활동을 전개하고 있다. NSA는 연방정부의 관련 부처 및 기관 사이의 정보보호정책을 수립하고 조정한다. OPM과 상무부(DOC)의 NIST는 연방정부의 정보기술관리 영역에 필요한 정보보호 기술직종의 직위분류와 직위별 교육훈련 요구사항을 개발한다. 또한 사회에서 필요한 정보보호 전문인력을 양성하기 위하여 국가보안통신 및 정보시스템보안위원회(National Security Telecommunications and Information Systems Security Committee, NSTISSC)를 중심으로 교육훈련 수요 및 인증 프로그램을 개발하고, 이를 통하여 정보보호 교육훈련 프로그램(National INFOSEC Education & Training Program, NIETP)을 운영하고 있다. NSA에서 이루어지고 있는 NIETP 프로그램와 함께 정보보호 교육훈련 프로그램의 개발 및 보급을 추진하고 있는 CNSS(Committee on National Security Systems) 프로그램도 있다. CNSS는 8개의 워킹 그룹으로 구성되어 있으며 그 중의 하나로서 정보보호 교육훈련 워킹그룹은 교육과정과 자격, KMI(Key Management Infrastructure) 훈련 및 도구와 표준(Tool and Standard)의 하위 위원회를 가지고 있다. CNSS에서 발표한 정보보호 표준 교육과정 제정의 목적은 정보시스템 보호의 포괄적 모델을 이용하여 교육과정이 정보지식의 두 가지 수준인 Awareness 레벨과 Performance 레벨로 나누고 각 레벨을 세분화하여 각각의 내용마다 범위, 제안된 순서와 내용을 제공하는 것이다.

정보보호 표준 교육과정에 관련된 문서는 2000년 12월까지 총 5개가 발표되었으며, NSTISSC에 의해 발표되었다. 이들 5개의 문서는 정보보호의 각 영역에 따른 구성이 된다. 첫 번째 문서는 No. 4011로서 1994년 6월 20일에 제정되었으며 이 문서의 주제는 National Training Standard for Information Systems Security(INFOSEC) Professionals이다. 두 번째는 No. 4012로서 1997년 8월에 제정되었으며 이 때에 No. 4013과 No. 4014가 함께 발표되었다. No. 4012의 주제는 National Training Standard for Designated Approving Authority(DAA)이다. No. 4013은 National Training Standard for System Administrators in Information Systems Security (INFOSEC)이다. No. 4014의 주제는 National Training Standard for Information Systems Security Officers(ISSO)이며, No. 4015는 2000년 12월에 National Training Standard for System

Certifiers라는 주제로 발표되었다. 이들 5개의 문서는 정보보호 인력 양성에 필요한 구체적인 내용들을 제시하고 있으며, 그 중에서도 특히 No. 4011은 미국의 대학교와 대학원 과정에서 가르쳐야 할 표준 교육과정의 내용을 제시하고 있다.

또한 NSTISSC No. 4011에서 제시하는 모델은 하나의 정육면체 안에 27개의 작은 정육면체가 구성되어 있는 3차원 배열의 형태를 지닌다. 이 모델을 통해 정보 상태와 시스템 취약점을 확인할 수 있고, 정보자산의 위협을 인식함으로서 취약성을 최소화하는데 사용된다. 모델에서 제시하는 기준을 사용하여 감사자나 평가자는 정보보호에 대한 커리큘럼의 적합성이나 정보시스템의 취약점을 평가할 수 있는 가이드라인을 제공받을 수 있다.

NSTISSC No. 4011의 훈련표준의 목적은 통신과 정보시스템 보호를 위한 정보시스템 보호 전문가를 양성하기 위한 최소한의 가이드라인을 제공하기 위함이다. 인식수준(Awareness Level)과 성과수준(Performance Level)에 바탕을 둔 커리큘럼은 통신 개론, 정보시스템 개론, 보안 개론, NSTISS 개론, 시스템 운영체제, NSTISS 계획 및 관리, NSTISS 정책 및 절차로 다시 상세하게 분류된다.

표 1. No. 4011에서 제시하고 있는 레벨별 커리큘럼 내용

레벨	인식수준	성과수준
1	통신이론 개론	NSTISS 계획과 관리
2	AIS 개론	NSTISS 정책 및 절차
3	보안 개론	
4	NSTISS 개론	
5	시스템 운영 환경	

표 2. NSTISSC No. 4011의 모델

특 징	설 명
정보의 성질 (The Nature of Information)	• 전송(Transmission)
	• 저장(Storage)
	• 가공(Processing)
핵심 정보 특성 (Critical Information Characteristics)	• 기밀성(Confidentiality/Secrecy) : 비승인 사용자의 무단 정보 관람을 차단시키는 것을 말한다.
	• 무결성(Integrity) : 정보가 변조되지 아니하고 원래의 상태를 유지하는 것을 보증하는 것을 말한다.
	• 가용성(Availability) : 정보가 요구되거나 필요시에 승인된 사용자에게 제공이 용이해야 한다.
보안 수단 (Security Measures)	• 기술체계(Technology): 임의의 정보상태로 유지되는 핵심 정보 특성을 보증하는데 특별히 사용되는 물리적 형태로 구현된 모든 물리적 장치나 기술을 말한다. 기술체계는 하드웨어, 펌웨어, 소프트웨어로 구현될 수 있으며 바이오 측정 장치, 암호학적 모듈, 보안을 강화한 운영체제 등이 될 수 있다.
	• 정책과 실행(Policy and Practice): 정책과 실행에서 정보시스템 보호란 미래의 어떤 데이터를 이용할 수 있게 하는 산출물(product)이 아니라는 사실(fact)에 대한 인지(recognition)를 말한다.
	• 교육, 훈련, 인식(Education, Training, Awareness): 교육, 훈련, 인식은 모델에서 가장 중요한 보안 수단이다. 교육, 훈련, 인식을 통해 급격히 증가한 자동화된 정보시스템(automated information systems)의 위협요소와 취약점을 이해함으로써 다른 통제 수단을 효과적으로 다룰 수 있다.

• 통신이론 개론

– 현대 커뮤니케이션 시스템의 발달을 소개하고 전달수단을 설명하는 것으로 제시하고 있으며, 이러한 교육훈련에 따른 결과로서 학생들은 커뮤니케이션 시스템과 개발 연대를 열거하거나 신호형태 등의 특징과 같은 전송의 특징 등을 알 수 있도록 하고 있다. 주요 교육내용으로는 전송에 대한 과거와 현재 방법론과 다양한 커뮤니케이션 시스템의 특성과 제한점을 제시하고 있다.

- AIS 개론
  - AIS(Automated Information System) 개론의 교육내용은 AIS 언어를 제공하고 AIS에 의한 환경을 설명할 수 있도록 하며, AIS의 구성요소인 하드웨어, 소프트웨어, 펌웨어가 정보시스템의 정보보호 요소로 통합되어지는 것으로 구성된다. 이에 따른 결과로서 학생들은 AIS의 용어를 정의할 수 있으며, AIS의 실행 기능 및 AIS 구성요소간의 상호관계를 설명할 수 있다.

- 보안 개론
  - 보안 개론은 정보시스템 보안 운용모델을 소개하고 정보의 중요 특성, 정보 상태, 보안 평가에 대한 내용으로 이루어져 있다. 교육훈련에 따른 결과로서 학생들은 AIS 보안의 구성요소를 설명하고 목록에 기입할 수 있으며, 정부 AIS를 보호하기 위해 사용했던 보안 이론의 요약, 중요 정보 결정의 예에 대한 제시 등을 할 수 있다. 주요 내용으로는 INFOSEC 검토, 운영체제 보안(OPSEC), 정보보안 및 INFOSEC으로 내용이 구성되어 있다.

- NSTISS 개론
  - 국가정책, 위협, 취약점, 대응책, 위기관리, 시스템 라이프사이클 관리, 신용, 운영모델, 조직의 규칙 등과 같은 구성요소를 기술하고 정보의 중요 특성, 정보 상태, 보안 평가에 대한 내용으로 구성된다. 이러한 교육훈련 후에는 국가 NSTISS 정책의 개요와 AIS의 위협과 취약점의 예제를 제시할 수 있으며, NSTISS 정책, 실습과 절차에 대하여 설명할 수 있다. 주요 교육훈련 내용은 10가지로 이루어져 있다.

- 시스템 운영 환경
  - 산업체에 적합한 정보통신시스템과 AISD의 윤곽, 산업체 AIS와 정보통신시스템의 구매와 유지보수에 대한 조정점 기술 및 산업체 AIS와 정보통신정책에 대한 내용을 포함한다. 시스템 운영

환경에 대한 교육훈련 후에는 산업체 AIS와 정보통신시스템의 운영과 이에 대한 예를 제시할 수 있고 AIS, 정보통신시스템, 유지보수에 대한 산업체 순위에 접근한 순위표를 작성 및 시스템 운영환경에 대한 적당한 정책과 안내를 열거할 수 있다. 시스템 운영 환경의 주요 내용은 AIS, 정보통신시스템, 산업체에 적합한 정보보호 정책, 산업체에 적합한 AIS와 정보통신 정책의 4가지를 제시하고 있다.

- NSTISS 계획과 관리
  - 설계된 보안 측정 방법과 프로그램 안에서 실제적인 실행 방법을 논의하고 일반적인 보안계획 가이드라인 및 문서를 소개하는 것으로 구성된다. 이 교육훈련 내용을 이수한 후에는 NSTISS 요소들로 구성된 AIS 정보통신시스템에 대한 설계에 대한 정보보호계획을 수립할 수 있다.

- NSTISS 정책 및 절차
  - NSTISS에 대한 교육학적 해결과 기술적, 정책명세에 대한 목록과 기술, 일반적인 보안계획 가이드라인 및 문서를 소개하고 있으며, 이에 따라 교육훈련 후에는 NSTISS 요소들로 구성된 AIS 정보통신 시스템 설계에 대한 정보보호계획을 수립할 수 있다.

미국의 연방정부가 필요로 하는 정보보호 전문인력을 양성하기 위하여 2000년에 발표한 NPISP의 7번째 프로그램인 "Train and Employ Adequate Numbers of Information Security Specialists[1]"는 다음과 같은 다섯 가지 실행계획을 포함하고 있다.

1) www.fas.org/irp/offdocs/pdd/CIP-plan.pdf

가. 정부내 IT 전문인력 수요의 분석

전문인력 양성의 첫 사업으로 연방정부 내에서 필요로 하는 IT 전문 직종별 인력수요를 정확하게 분석하는 사업을 OPM에서 수행하도록 하고 있다. 이 사업을 통해서는 네트워크 관리자, 보안 전문가 등과 같은 구체적인 전문 직종별 인력수요를 정확하게 산정하였다. 이 사업의 결과물을 활용해서 연방정부는 필요로 하는 직종별 인력을 모집, 선발, 배치하고 훈련하는 기본적인 정책자료를 마련하게 된다.

나. 우수 정보기술 센터 지원 (CAEIAE)

정보보호 전문인력 양성 및 연방 정부의 정보보호 전문인력의 훈련을 위해 대학마다 우수 정보보호교육센터를 지정하여 지원하고, 지정된 센터에서는 정보보호를 위한 전문인 양성 교육 프로그램을 운영하고 있다. 이 계획의 일환으로 국방부 산하 NSA는 1998년 11월에 NSTISSC가 제정한 훈련 기준을 바탕으로 미국의 각 주마다 대표되는 대학에 Centers of Academic Excellence in Information Assurance Education (CAEIAE)을 지정하여 정보보호 인력 양성에 대한 프로그램을 수행하고 있다. 대학들이 CAEIAE에 선정되기 위해서는 1994년 6월 20일에 발표된 NSTISSC No. 4011의 훈련표준(National Training Standard For Information Systems Security Professionals)에 준하는 어플리케이션을 제출해야 한다. 제출된 어플리케이션은 NSA가 NSTISSC No. 4011의 훈련표준을 만족하는지를 엄격히 심사한 뒤 CAEIAE로 최종 선정을 하게 된다.

다. 연방정부 장학금 제도

연방정부가 필요로 하는 정보보호 전문인력을 양성·유치하기 위해서 정보보호를 전공하는 대학생과 대학원생들에게 장학금을 수여하고 있다. 장학생으로 선발된 학생들에게는 2년간의 등록금 등 학비 일체와 생활비를 장학금으로 수여하고 연방정부의 각 기관에서 여름방학 기간의 임시직으로 근무가 가능토록 알선하며, 연방정부의 연구개발 사업에 참여할 기회가 부여된다. 장학금은 졸업 후에 2년간 연방정부 기관에서 정보보호 전문가로 근무할 것을 조건으로 하여 수여된다. 2001년부터 미국과학재단(National Science Foundation)이 약 1,400만 달러의 장학금을 6개 대학의 우수 정보보호센터 학생들에게 수여하고 있다. 이외에도 국방부는 우수 정보보호교육센터 재학생들에게 국방부 산하기관 근무를 조건으로 한 장학금 혜택을 주고 있다.

라. 고등학생 대상 정보보호 교육

정보보호 전문인력을 어려서부터 발굴하여 육성하기 위하여 중학교 학생과 교사들을 대상으로 한 정보보호에 대한 인식제고 활동을 전개하고, 고등학생들에게 정보보호 전문가로서의 직업을 갖도록 우수한 인력을 유치하기 위한 교육과 홍보를 위한 사업들을 하고 있다. 이를 위하여 각종 회의를 후원하고, 여름캠프 및 봉사활동을 지원하고 있으며, 교사와 학생들에게 정보보호 커리큘럼의 인턴쉽 기회를 부여하고 있다. 이러한 사업활동들을 통해서 우수한 인재들을 고등학교 졸업 후에 곧바로 채용하거나 또는 대학의 연방장학금 제도의 수혜 대상 정보보호 전공 학생으로 유치하기도 한다.

마. 연방정부 직원들의 정보보호 인식제고

OPM 주관으로 연방정부에서 소요되는 네트워크 관리자, 보안전문가 등 연방정부 기관에 근무하는 모든 직원들에게 사이버 위협을 인지하고 이에 대처할 능력을 배양하는 정보보호 인식제고 사업을 전개하고 있다. 이를 위해서는 각종 시청각 교육재료의 제작·공급에 역점을 두고 있다. CD-ROM, 비디오, 워크샵, 시연회 등이 개발 보급되고 있으며, 각급 기관에서는 이러한 교육재료와 프로그램을 활용하여 소속 직원들의 훈련을 수행하고 있다.

이러한 시청각 교육훈련재료들의 제작은 앞에서 설명한 CAEIAE들과 긴밀하게 협조하여 수행되고 있으며 인터넷을 활용하는 온라인 교육도 개발 보급되고 있다.

2. 일본

일본은 고도 정보통신 네트워크 사회 형성에 관한 시책을 중점적으로 신속하고 추진하기 위하여 "고도정보통신 네트워크 사회 형성 기본법" 제 29조에 근거, 내각에 고도정보통신 네트워크 사회 추진 전략 본부를 설치하였으며 2001년 1월 22일에 개최된 제1회 전략본부에서 IT 기본전략에 근거, IT국가 전략으로 e-Japan 전략이 결정되었다. 이후, 2005년까지 추진된 e-Japan전략의 성과를 평가하고 차세대 IT전략으로서 2006년 1월 'IT新개혁전략'을 발표하였다. 이와는 별도로 2006년에는 정보보호정책회의를 중심으로 국가 전반적인 정보보호 문제를 중심으로 다룬 제1차 정보보호기본계획(2006~2008)이 책정되었으며 이의 실현성 제고를 위한 단기계획으로 'Secure Japan 2006/2007[2]'을 책정하여 추진하였다. 제1차 계획은 2008년까지 추진하였으며, 2009년 이후에는 제2차 계획(2009~2011)이 추진되고 있다[3]. 또한, 일본의 고도정보화추진본부에서 2008년 6월 IT로드맵의 3대 중심전략으로 안전한 IT 이용환경조성이 포함되는 등 정보보호가 IT전략의 중심축으로 자리잡고 있는 것으로 파악되고 있다.

2001년 3월 29일 발표한 e-Japan 중점계획의 정보보호 인력양성 정책은 다음과 같다.

2) www.nisc.go.jp/eng/pdf/2006_eng.pdf
3) www.nisc.go.jp/eng/pdf/2009_eng.pdf

가. 하이테크 범죄대책에 관한 인적기반 정비

2004년까지 경찰청에 하이테크 범죄조사관 배치, 하이테크 범죄조사에 종사하는 전국 경찰의 연수 실시 등 하이테크 범죄대책에 필요한 인재 확보나 민간과의 협력 체제를 정비하였다. 법무성에는 2001년 내에 지방 검찰청 조사관의 네트워크 및 정보보안에 한 고도 전문적 지식을 습득하여 더욱 고도화되고 있는 범죄에 신속하고 적절하게 대응할 수 있는 체제를 정비하였다.

나. 방위청의 정보보호에 관한 인력 육성

2003년까지 방위청 직원을 미국에 파견하는 등 긴급사태대처 등의 고도 정보보안 기술을 습득하도록 하여 전문요원을 확보한 후 부내에서의 기술요원 교육 및 작전 정보 등의 비밀성 높은 정보를 취급하는 방위청의 네트워크 정보보안 확보를 실시하였다.

다. 정보보호에 관한 자격제도

2001년에 정보통신 주임기술자 시험에 정보보호에 관한 시험과목을 추가하였고, 정보처리 기술자시험, 정보보호 관리자 시험을 실시하고, 정보보호에 관한 강의 및 정보보호 평가관계 기술자를 육성하기 위한 연수사업을 실시하였다.

- 정보처리 진흥사업 협회(IPA)
  - 정보화 사회에 대응할 수 있는 인재를 육성하기 위해 정보처리 시스템에 관한 고도의 지식과 능력을 갖춘 인재, 정보처리에 관한 지식 및 기능의 향상에 관계된 교재를 개발하고 제공하는 '정보 관련 인재 육성 사업'을 실시
- 정보서비스 산업협회(JISA)
  - JISA는 경제산업성의 인가에 의해, 일본을 대표하는 시스템통

합, 유망 소프트웨어 개발 기업, 고급 두뇌 집단을 중심으로 주요한 정보 서비스 기업 573사로 구성된 업계 단체. 경영이나 기술의 고도화, 국제 교류, 사회 전반에 있어서의 정보화의 추진 등 고도 정보화 사회 실현에 공헌하고 있으며, 정보보호 산업 육성을 위해 연구 개발을 수행하고 제안형 인재 육성, 정보처리 기술사 연수 프로그램 운영

• 정보처리 교육위원회
  - 문부성의 위탁 연구 조사 '대학 등에 있어서의 정보처리 교육을 위한 조사 연구'를 실시하기 위해서 설치된 '대학 등에 있어서의 정보처리교육 검토 위원회'의 실적과 성과를 유지·발전시키기 위해서 1991년에 정보처리 교육과정 조사위원회 설치. 컴퓨터 기술이 급격하게 변화하고 있는 가운데, 장기 전망을 가지고 정보처리 교육과정의 검토를 추진하면서, 조사 위원회를 중심으로 문부성 위탁 연구 조사를 실시. 1998년 '학회 비전 검토 위원회'의 제안으로 상설위원회로 바뀌었음. 정보처리교육위원회는 교육을 위한 지침, 방법, 평가 등을 연구해 학문, 기술 및 관련 사업의 진흥에 기여

3. 국제 정보보호 관련 자격증

현재 전세계적으로 약 20여 개의 정보보호 자격제도가 있다. 이와 같은 자격제도는 정보보호 정책 및 표준 설계, 감사 및 통제 등 전반적인 이론과 개념을 다루는 것에서부터 침입 탐지 및 분석, 컴퓨터 범죄 수사 등 전문분야의 지식과 실무능력에 대한 것까지 그 종류도 많고 특징 또한 다양하다. 대표적인 보안 분야의 2대 자격증인 CISSP와 CISA에 대해서 간략하게 살펴보자.

가. 공인 정보시스템 보안전문가 (CISSP)

공인 정보시스템 보안전문가(Certified Information System Security Professional, CISSP) 정보보호 전문가 자격증 개발에 관심있는 국제 조직들이 1988년에 컨소시엄 형태로 설립한 국제정보시스템보안자격협회(International Information Systems Security Certification Consortium, ISC2)에서 운영하는 자격으로 현재 정보보호전문가를 위한 최고의 자격증으로 인정받고 있다. CISSP가 수행해야 하는 직무 분야 및 내용은 기술적인 보안 솔루션을 제공하는 것뿐만 아니라 보안 정책, 표준 및 지침을 수립하고, 이에 따른 통제 절차를 마련, 관리하는 등의 업무를 포괄하고 있다. CISSP에 응시하기 위해서는 정보시스템 보안과 연관된 지식과 기술을 요구하는 보안업무 종사자, 보안 감시자, 보안 컨설턴트, 보안 제공업자, 컴퓨터 범죄수사관, 보안 제품 개발자 등 실제로 보안과 관련하여 정규직원으로 3년 이상 근무한 경력을 가지고 있어야 한다. 시험에 합격하기 위해서는 6시간 동안 전체 250문제 중 70% 이상을 득점해야 한다. 자격증의 유효기간은 3년이며, 갱신하기 위해서는 3년 동안 120시간 이상의 정보보호 관련 교육 및 세미나에 참석해야 한다.

시험 과목은 (ISC)2가 제공하는 공통직무지식(CBK) 10개의 도메인에서 무순으로 다지 선다형 250문항이 출제되며 6시간 동안 시험을 보게 된다. CISSP는 매년 수차례 정기적으로 시행되는데 합격을 하기 위해서는 6시간 동안 전체 250문제 중 70% 이상을 득점해야하며, 평균 합격률은 30% 정도로 알려져 있다. 자격증의 유효기간은 3년이며 갱신하기 위해서는 3년 동안 120시간 이상의 정보보호 관련 교육 및 세미나에 참석해야 한다. 재교육 정도에 따라 전문적 활동의 영역이 달라진다. 만일 120시간의 재교육을 받지 못할 경우, 3년마다 재시험을 통과하여야 한다.

표 3. CISSP 정보보호 분야 10개 도메인

1	접근제어시스템 및 방법론(access control systems & methodology)
2	통신망 및 네트워크 보안(telecommunications & network security)
3	보안관리(security management practices)
4	응용프로그램 및 시스템 개발(application & systems development)
5	암호학(cryptography)
6	보안 아키텍처 및 모델(security architecture & models)
7	컴퓨터 운용 보안(operations security)
8	업무연속성계획 및 비상복구계획(business continuity & disaster recovery planning)
9	법, 수사 및 윤리(law, investigation & ethics)
10	물리적 보안(physical security)

나. 국제공인정보시스템감사사(CISA)

국제공인정보시스템감사사(Certified Information Systems Auditor, CISA)는 정보시스템 감사 및 통제협회(Information Systems Audit & Control Association, ISACA)에서 운영하고 있으며 한국에도 지부가 있다.

CISA는 정보시스템 개발과 운영, 비상대책 등 전 과정의 업무절차를 통제할 수 있는 방법론을 제공하는 전문가라고 볼 수 있으며, 가장 효과적인 정보시스템 감사, 통제, 보안실무를 적용할 수 있고 정보기술 환경에서 특수한 요구들을 인식하고 있는 공인된 전문가라 할 수 있다. 이들이 갖추어야 할 직무능력의 범위는 정보시스템의 개발·구축·운영·관리 기능을 감사(감리)하여 보안 기능과 신뢰성, 효과성, 효율성 등을 향상시키는 업무를 포괄하는 것으로 정보 및 자료의 누출 및 해커의 침입 방지를 위한 점검과 확인을 위한 감사 등을 주요 업무 영역으로 한다. CISA 응시에는 특별한 자격 제한은 없지만, CISA 시험에 합격한 후 정보시스템감사통제재단(ISACF)이 채택한 정보시스템 감사 기준의 준수 등 응시자에게 제공된 ISACA의 직업윤리 강령을 준수하도록 하여야 한다. CISA 신청은 시험 합격 후 5년 이내에 해야 하며, 경력은 자격 신청일 기준으로 과거 10년 이내 또는 최초 시험의 합격일로부터 5년 이내의 경력이어야 한다. 만약 시험 합격 날짜로부터 5년 내에 CISA 신청을 하지 않으면, 시험을 다시 치루어 합격해야 한다. 모든 경력은 고용자로부터 개별적으로 확인 받도록 되어있다. CISA 시험은 다지 선다형 방식으로 200문항이 출제되며, 시험 소요시간은 4시간이다.

CISA시험 과목은 정보보안 감사 프로세스 영역(process-based area)과 정보보안과 관련된 6개의 컨텐츠 영역(contents area)로 구성되며, 100점 만점 중 75점 이상을 획득한 경우 합력으로 처리한다. 그러나 무조건 75점 이상이 아니고 해당 연도 응시생을 기준으로 최저 25부터 최고 99의 스케일 비율로 75점 이상이 되어야 합격이 된다. 다른 자격제와 마찬가지로 CISA도 자격을 유지하기 위해서는 매년 최소 20시간, 3년간 최소 120시간 이상의 직무에 대한 보수교육(Continuing Professional Education)이 요구되고 있다.

표 4. CISA 시험출제영역

시험영역		내용	비중
process	IT 감사 업무 프로세스	• 기초적인 IT 감사 절차, 지침 및 기준 • 증거요건, 샘플링, CAAT • 감사보고서의 내용 및 후속 조치	10%
contents	IS 관리, 계획 및 조직	• ISO, 아웃소싱, ISO9000, CMM, SPICE • IS 조직 설계 및 성과 평가 • 하드웨어 및 소프트웨어 아키텍쳐 • DB, ISO/OSI 7계층, LAN/WAN, 인터넷	11%
	기술 하부구조 및 운영 실무	• 하드웨어 및 소프트웨어 아키텍쳐 • DB, ISO/OSI 7계층, LAN/WAN, 인터넷	13%
	정보 자산의 보호	• 물리적 보안 및 환경 통제 • 기술적 노출, 컴퓨터 범죄, 바이러스 • 암호화/디지털서명, 바이오 메트릭스, 인증	25%
	재해 복구 및 업무 연속성	• IS의 중요성 평가, 재해등급 분류 • 재해복구/업무연속성 계획 및 테스트 • 재해복구를 위한 업무 분장	10%
	응용 시스템 개발, 구입, 구현, 유지보수	• 전통적 IS 개발 방법론 및 대체 접근법 • 객체지향기술, 각종 테스트 기법 • CASE, PERT, CPM, 기능점수법	16%
	업무 프로세스 평가 및 위험관리	• IT거버넌스, BPR, 전자상거래 및 PKI • 전문가시스템, DSS, DW, 인공지능 • EFT, POS, 이미지처리시스템, EDI	15%

정보보호인력 양성정책

저　자 : 김태성
발행처 : 충북대학교 출판부
발행인 : 김승택
주　소 : (361-763) 충북 청주시 흥덕구 성봉로 410
전　화 : (043) 261-2952, 3014
팩　스 : (043) 274-1256
이메일 : presscbu@chungbuk.ac.kr
등　록 : 제1983-2001-7호
초판1쇄: 2010.08.31
인쇄처 : 삼성디자인기획 042-221-3111

이 저서는 2007년도 충북대학교 학술연구지원사업에 의하여 발행되었음.
(This work was supported by the research grant of the Chungbuk National University in 2007)

ISBN 978-89-7295-172-8 93320

값 20,000원